FARE SESSO
FINO A 100 ANNI (E PIÙ)

Strategie di prevenzione, mantenimento e recupero della salute sessuale maschile

dr. Giuseppe La Pera
ANDROLOGO

*a Damiana, Emilio e Giulio
e a tutti i miei pazienti
che mi hanno permesso di far parte
del loro viaggio.*

Sommario

Prefazione

La prima volta che sono venuto in contatto con Giuseppe la Pera era il 1998, quando una mia amica mi regalò un libro intitolato "Le cure della felicità dal Viagra al Vasomax" – Mondadori Editore –, da lui scritto.

Ero al secondo anno di specializzazione in Urologia, leggendolo mi appassionai all' andrologia. Alcuni anni dopo ebbi il piacere di conoscerlo personalmente, quando da giovane ricercatore seguivo i congressi della Società Italiana di Andrologia (SIA). Poi ci siamo trovati a gestirla insieme ed ho avuto modo di conoscere anche l'uomo.

Oggi, dopo oltre 25 anni, posso dire con sicurezza che quella lettura ha contribuito a farmi scegliere questa branca della medicina e, aver ricevuto oggi la sua richiesta a scrivere l'introduzione del suo nuovo libro, è grande onore per me.

"Fare Sesso Fino a 100 anni e più" può sembrare una provocazione, invece è la realtà.

Oggi questo può avvenire e il fatto che possa succedere ha risvolti sul benessere generale oltre che su quello sessuale.

Le ricerche comparse negli ultimi anni su questo tema evidenziano come la salute sessuale sia il barometro di quella generale; dunque, un uomo in grado di avere una sessualità è sicuramente più in forma di un coetaneo   a cui questa manca.

Il libro, scritto con la delicatezza che lo contraddistingue, ci spiega come fare per poter arrivare a 100 anni e più con una buona sessualità: come ben spiegato non si tratta solo di erezione e penetrazione ma soprattutto di intimità.

Una lettura per tutti, uomini e donne, per avere una buona salute sessuale, un non trascurabile punto cardine della qualità della vita…

Prof. Nicola Mondaini
Professore Associato di Urologia
presso l'Università Magna Grecia di Catanzaro

Parte I
Introduzione

Fare sesso fino a 100 anni e più: provocazione o speranza?

Fino a che età si può fare sesso?

Come fare per un uomo a conservare più a lungo possibile la propria funzione sessuale?

Pe rispondere a queste domande ho voluto studiare la letteratura scientifica sull'argomento cercando di non cadere nei racconti aneddotici o goliardici degli uomini che raccontano imprese per vantarsi con gli amici secondo una logica maschile ormai superati dai tempi e dall'uso dei farmaci per l'erezione.

Questa ricerca mi ha fornito l'idea di un libro perché mi sono accorto che molte delle informazioni ormai acquisite scientificamente non sono ancora conosciute dalla maggioranza degli uomini così come il lavarsi le mani prima di andare a mangiare.

Nel corso di questa lettura mi sono imbattuto in un articolo sulla sessualità nelle persone anziane che secondo una definizione dell'Organizzazione Mondiale della Sanità riguarda le persone oltre gli anni 60[1]. L'articolo che è stata la molla che mi ha fatto scattare l'idea è stato pubblicato nel 2007[2] e sebbene ve ne siano molti altri più recenti ho deciso di partire da questo perché il "New England Journal of Medicine", la rivista nella quale è stato pubblicato l'articolo, è una delle più autorevoli se non la più autorevole rivista scientifica del mondo. In questo articolo scritto da Stacy Tessler Lindau docente di Ginecologia della University of Chicago si riportano i comportamenti sessuali di un campione di 3000 americani dai 57 anni agli 85 di cui 1445 uomini. Quello che ha colpito la mia fantasia ma anche il mio spirito scientifico è il dato che nella fascia di età compresa tra i 76-

---

[1] World Health Organization (WHO). *World Report on Ageing and Health.* Geneva: World Health Organization; 2015.
Disponibile su: https://www.who.int/ageing/publications/world-report-2015/en/
[2] Lindau ST. et al. A Study of Sexuality and Health among Older Adults in the United States. N Engl J Med. 2007 August 23; 357(8): 762–774.

85, costituito da un campione di 380 uomini una percentuale del 38,5% hanno risposto che nei precedenti 12 mesi avevano avuto un'attività sessuale intesa come "qualsiasi attività reciprocamente volontaria con un'altra persona che implichi un contatto sessuale, indipendentemente dal fatto che si verifichi o meno il rapporto o l'orgasmo.

L'attività sessuale così intesa aveva una differente distribuzione tra coloro che si definivano in eccellenti condizioni, in buone condizioni o in cattive condizioni di salute. Appare evidente che se la media in questa fascia di età è del 38,5% nelle persone in eccellenti condizioni fisiche questa percentuale è molto più alta.

Sebbene nella raccolta di questi dati ci possa essere un BIAS cioè un errore sistematico che possa influenzare le conclusioni è però indubbio che una percentuale importante di uomini senior continua ad avere l'attività sessuale fino a tardissima età.

Tutto ciò fa capire che l'attività sessuale non è un privilegio solo dei giovani performanti e soprattutto che esistono luoghi comuni sbagliati, fuorvianti con delle conseguenze negative sui comportamenti dei senior over 65 che possono arrivare a rinunciare ad avere una vita appagante o a non prendere le medicine per poter avere un po' di intimità.

Nei media, nei film ed in generale nella cultura questo aspetto del sesso in tardissima età viene nascosto o rappresentato con delle barzellette non fornendo quelle informazioni che consentirebbero di ricercare una soluzione consultando uno specialista del settore. La triste conseguenza di questa cultura ridanciana e di questa disinformazione è la condanna non meritata fatta di solitudine, depressione e di una vita senza comunicazione quando invece il sesso è comunicazione.

Mi sono perciò fatto 3 domande: 1) quali sono le variabili che consentono di continuare ad avere una attività sessuale fino ad una età avanzata? 2) queste informazioni possono essere condivise dalla popolazione maschile con un libro divulgativo? 3) questo limite degli 85 anni può essere e sarà superato per arrivare alla soglia psicologia dei 100 anni?.

Per rispondere a queste domande mi sono avvalso dell'Intelligenza Artificiale ma anche dei miei studi, della mia esperienza professionale basata su oltre 40 anni di esperienza dopo avere visitato almeno 40.000 uomini di tutte le età e di uomo che ineluttabilmente invecchia. L'obbiettivo che mi sono posto è stato quello di offrire ai lettori senior ma anche a quelli giovani e anche alle compagne di questi uomini di raccontare quali sono le variabili e gli stili di vita che consentono agli uomini di mantenere "funzionante" l'attività sessuale fino a tardissima età.

Mi sono poi "limitato" a correggere non solo le imprecisioni delle risposte della cosiddetta Intelligenza Artificiale, ma anche a sopperire alla mancanza di spessore che l'intelligenza dà nelle sue risposte non facendo capire l'importanza dei singoli aspetti e rappresentando "tutto" senza empatia e senza ironia.

Per completezza va riportato che in questo stesso articolo di Stacy T. Lindau anche le donne raccontano di una attività sessuale che si spinge fino a tardissima età ma con percentuali più basse rispetto agli uomini.

L'analisi di queste percentuali e le variabili che portano ad avere una attività sessuale per le donne fino a tarda età non rientra nella mia disciplina e lascio ai ginecologi riportare le variabili che consentono di assicurare l'attività sessuale e i possibili vantaggi da un'attività sessuale fino a tarda età nelle donne.

Disclaimer

Le informazioni fornite in questo libro sono destinate esclusivamente a scopi educativi e o informativi e non costituiscono un incitamento a fare sesso senza una attenta supervisione medica. Non costituiscono consulenza medica, psicologica o sessuologica e non devono essere interpretate come tali. Le opinioni e le strategie discusse sono basate su ricerche disponibili nella letteratura scientifica del settore e su conoscenze generali nel campo della salute sessuale, non sostituiscono la consulenza personalizzata di un medico, psicologo, terapeuta sessuale o altro professionista sanitario qualificato.

L'autore e l'editore non sono responsabili per eventuali danni, diretti o indiretti, derivanti dall'uso o dall'interpretazione delle informazioni contenute in questo libro. Prima di intraprendere qualsiasi cambiamento nel proprio stile di vita, dieta, o piano di trattamento medico o psicologico, si raccomanda vivamente di consultare un professionista sanitario.

Avvertenze

• **Consultazione Medica**: Le informazioni presentate in questo libro non sostituiscono una diagnosi o un trattamento medico professionale. Se si manifestano sintomi di disfunzione sessuale, dolore, disagio o altri problemi di salute, è essenziale consultare un medico o uno specialista qualificato.

• **Uso di Farmaci**: Qualsiasi riferimento a farmaci o trattamenti terapeutici in questo libro è fornito solo a scopo informativo. L'uso di farmaci deve sempre essere prescritto e monitorato da un medico. L'autosomministrazione o la modifica del dosaggio senza una supervisione medica adeguata può comportare gravi rischi per la salute.

• **Trattamenti Alternativi**: Le tecniche o i trattamenti alternativi menzionati nel libro non devono essere utilizzati come sostituti di trattamenti medici convenzionali, salvo diversa indicazione di un professionista sanitario. Si raccomanda di discutere qualsiasi trattamento alternativo con il proprio medico prima di intraprenderlo.

• **Responsabilità Personale**: L'utente è responsabile dell'uso delle informazioni contenute in questo libro. Le esperienze ed i risultati personali possono variare da persona a persona e i risultati non sono garantiti. L'autore e l'editore non sono responsabili per le decisioni o le azioni intraprese sulla base delle informazioni contenute nel libro.

• **Riservatezza e Rispetto**: Le strategie e le tecniche suggerite per migliorare la vita sessuale devono essere utilizzate con il consenso e il rispetto reciproco. È essenziale mantenere un ambiente di fiducia, rispetto e sicurezza con il proprio partner.

• **Limitazioni d'Età**: Questo libro è destinato a un pubblico adulto. Le informazioni contenute sono rivolte esclusivamente a persone maggiorenni e non sono adatte a minori di età.

Parte II
Perché fare sesso fino a 100 anni ed obiettivo del libro

La salute sessuale è un pilastro fondamentale del benessere generale, influenzando non solo la qualità della vita, ma anche la salute fisica e mentale e la longevità. Per molti uomini, la sessualità è una componente vitale della propria identità e del proprio senso di realizzazione personale. Tuttavia, con l'avanzare dell'età, è comune affrontare cambiamenti nella funzione sessuale che possono portare a preoccupazioni, insicurezze e, talvolta, a difficoltà relazionali.

Mantenere una vita sessuale attiva e soddisfacente fino a 100 anni potrebbe non essere un sogno irrealizzabile, ma un obiettivo raggiungibile se si conoscono e si attuano le giuste strategie di prevenzione e cura. È importante comprendere che la sessualità non è un aspetto isolato della vita, ma è strettamente connessa a fattori come l'alimentazione, l'attività fisica, la gestione dello stress e le relazioni interpersonali. Investire nella salute sessuale significa quindi prendersi cura di sé a 360 gradi.

Questo libro è stato scritto per tutti quegli uomini che desiderano essere informati su come vivere la propria sessualità in modo pieno e appagante, a prescindere dall'età. Attraverso informazioni basate su evidenze scientifiche, strategie di prevenzione ma anche sull'esperienza pratica il libro "Fare Sesso Fino a 100 Anni" non è solo una provocazione ma riflette l'offerta, con i limiti di questa introduzione di alcune informazioni per preservare, migliorare e recuperare la salute sessuale nel corso della vita.

Capitolo 1

Perché fare sesso fino a 100 anni

Il desiderio di mantenere una vita sessuale attiva fino a tarda età non è solo una questione di piacere, ma anche di benessere globale e di felicità. Il sesso, infatti, offre numerosi benefici per la salute fisica e mentale. In uno studio del 2017 è stato dimostrato che il declino della attività sessuale nella terza età è correlato con una maggiore presenza di sintomi depressivi, minore qualità e soddisfazione della vita[3].

Ecco alcune ragioni per cui fare sesso e mantenere funzionante la funzione sessuale fino a tardissima età potrebbe essere vantaggioso:

Benefici Fisici: L'attività sessuale regolare è associata a un miglioramento della circolazione sanguigna, della salute cardiovascolare e del sistema immunitario. Inoltre, aiuta a mantenere la tonicità muscolare e la flessibilità, promuovendo un invecchiamento più sano e attivo.[4-5]

Salute Mentale: Il sesso rilascia endorfine e altri neurotrasmettitori come la dopamina e la serotonina, che contribuiscono a migliorare l'umore e a ridurre lo stress. La vita sessuale attiva è anche collegata a una minore incidenza di depressione e ansia, specialmente nelle persone anziane.[6-7]

---

[3] Jackson SE et al. Decline in sexuality and wellbeing in older adults: A population-based study J affc disorders 2019 Feb 15:245:912-917

[4] Smith, L., et al. Sexual activity is associated with greater enjoyment of life in older adults. Sexual Medicine. 2019; 7(1), 11-18.

[5] Allen, M. S. Biomarkers of inflammation mediate an association between sexual activity and quality of life in older adulthood. The J. of Sexual Medicine 2017; 14(5), 654-8

[6] Lee, D. M., et al. Sexual health and well-being among older men and women in England: Findings from the English Longitudinal Study of Ageing. Archives of Sexual Behavior. 2016; 45(1), 133-144.

[7] Zhang, Y., & Liu, H. A National Longitudinal Study of partnered sex, relationship quality, and mental health among older adults. The J of Gerontology: Series

Connessione Emotiva: Mantenere una vita sessuale attiva favorisce l'intimità e la connessione emotiva con il partner. Questo legame può rafforzare le relazioni e offrire un senso di sicurezza e soddisfazione, elementi cruciali per il benessere emotivo.[8-9]

Autostima e Immagine di Sé: Continuare a vivere la sessualità in modo positivo anche con l'avanzare dell'età può contribuire a mantenere alta l'autostima e una visione positiva di sé stessi. Il sesso può essere un modo per sentirsi vitali e desiderabili, riducendo i sentimenti di isolamento o inutilità che a volte accompagnano l'invecchiamento.[10]

Longevità e Qualità della Vita: Studi hanno dimostrato che le persone che mantengono una vita sessuale attiva tendono a vivere più a lungo e con una migliore qualità della vita. Il sesso può essere visto come una componente di uno stile di vita sano, che promuove non solo la longevità ma anche una vita più piena e soddisfacente.[11-12]

Quindi, l'obiettivo di fare sesso fino a 100 anni non è solo un auspicio per una vita sessuale attiva, ma una strategia per vivere una vita più sana, felice e lunga. Questo libro si propone, attraverso le conoscenze e le pratiche necessarie di preservare, mantenere e recuperare la salute sessuale, con la consapevolezza che la salute sessuale è una parte integrante del benessere globale.

B. 2020; 75(8),1772-.

[8] Sprecher, S. Sexual satisfaction in premarital relationships: Associations with satisfaction, love, commitment, and stability. The Journal of Sex Research. 2002 39(3), 190-196

[9] Vowels, L. M., & Mark, K. Relationship and sexual satisfaction: A longitudinal actor–partner interdependence model approach. Sexual and Relationship Therapy. 2020 35(1), 46-59.

[10] McCabe, M. P., & Ricciardelli, L. A. Body image dissatisfaction among males across the lifespan: A review of past literature. Journal of Psychosomatic Research. 2004;56(6), 675-685

[11] Knoll J. Sexual performance and longevity Exp Gerontol; 1997 Jul-Oct;32(4-5):539-52.

[12] Sinković, M., et al.Sexual Aging: A Systematic Review of Qualitative Research on the Sexuality and Sexual Health of Older Adults. Qualitative Health Research. 2019; 29(9), 1239-1254

Capitolo 2

Obiettivi del libro

«Fare Sesso Fino a 100 Anni: Strategie di Prevenzione, Mantenimento e Recupero della Salute Sessuale Maschile» è un manuale pratico pensato per fornire agli uomini le conoscenze e gli strumenti necessari per mantenere una vita sessuale sana e soddisfacente, anche in età avanzata. Gli obiettivi principali del libro sono:

Educare sulla Salute Sessuale: Fornire informazioni accurate e comprensibili su come funziona la sessualità maschile e come questa può cambiare nel corso della vita.

Prevenzione dei Problemi Sessuali: Illustrare quali sono le strategie pratiche per prevenire problemi comuni come la disfunzione erettile, l'eiaculazione precoce e ritardata, e la diminuzione del desiderio sessuale.

Promuovere uno Stile di Vita Sano: Mostrare come abitudini di vita come l'alimentazione, l'esercizio fisico e la gestione dello stress possano influenzare positivamente la salute sessuale.

Incoraggiare il Dialogo Aperto: Aiutare gli uomini a superare il tabù di parlare di sessualità, promuovendo una comunicazione aperta con il partner e con i professionisti della salute.

Supportare il Benessere Psicologico: Esplorare il legame tra salute mentale e sessualità, offrendo suggerimenti per affrontare ansia, depressione e altre problematiche psicologiche che possono influire sulla vita sessuale.

Capitolo 3

Come utilizzare questo libro

Questo libro è strutturato in modo da essere accessibile e utile per tutti gli uomini, indipendentemente dall'età o dall'esperienza personale. Ecco alcuni suggerimenti su come trarre il massimo beneficio dalla lettura:

Leggi Capitolo per Capitolo: Il libro è organizzato in sezioni che affrontano diversi aspetti della salute sessuale maschile. Inizia con i capitoli introduttivi per avere una panoramica generale, e poi esplora i temi specifici che più ti interessano.

Confronta il tuo stile di vita: con le strategie pratiche qui illustrate e fatti qualche domanda. Non limitarti a leggere, ma cerca di capire ciò che potrebbe esserti utile nella tua vita quotidiana dopo averne discusso con il tuo medico.

Parla con il Tuo Medico: Se hai preoccupazioni specifiche o se alcuni dei temi trattati nel libro ti riguardano da vicino, considera di discuterne con un medico o un altro professionista della salute come ad esempio ma non esclusivamente un nutrizionista o uno psicologo. Il libro è pensato per dare delle informazioni e non sostituire le consulenze del medico e degli altri specialisti della salute.

Condividi con il Partner: La salute sessuale è spesso una questione di coppia. Condividere la lettura e i consigli con il tuo partner può migliorare la comprensione reciproca e rafforzare la relazione.

Parte III
Comprendere la Salute Sessuale Maschile

Capitolo 4

Definizione di salute sessuale

La salute sessuale è una componente fondamentale del benessere complessivo di un individuo, e non riguarda solo l'assenza di malattie o disturbi, ma anche uno stato di benessere fisico, emotivo, mentale e sociale in relazione alla sessualità. Secondo l'Organizzazione Mondiale della Sanità (OMS)[13], la salute sessuale richiede un approccio positivo e rispettoso alla sessualità e alle relazioni sessuali, nonché la possibilità di avere esperienze sessuali sicure e piacevoli, senza coercizione, discriminazione o violenza.

Per gli uomini, la salute sessuale include la capacità di vivere una sessualità soddisfacente, comprendere il proprio corpo e le sue funzioni sessuali, e gestire i cambiamenti che possono verificarsi nel tempo. È un aspetto vitale del benessere che va oltre la semplice funzionalità fisica, abbracciando anche la dimensione emotiva e relazionale della sessualità.

Fattori che influenzano la salute sessuale

La salute sessuale maschile è influenzata da una serie di fattori interconnessi che possono agire sia positivamente che negativamente. Comprendere questi fattori è essenziale per prevenire e trattare eventuali problemi sessuali.

---

[13] World Health Organization (2002): Sexual health is a state of physical, emotional, mental and social well-being related to sexuality; it is not merely the absence of disease, dysfunction or infirmity. Sexual health requires a positive and respectful approach to sexuality and sexual relationships, as well as the possibility of having pleasurable and safe sexual experiences, free of coercion, discrimination and violence. For sexual health to be attained and maintained, the sexual rights of all persons must be respected, protected and fulfilled

1. Fattori Fisici: La salute generale del corpo, inclusa la salute cardiovascolare, i livelli ormonali, e il funzionamento del sistema nervoso, gioca un ruolo cruciale nella funzione sessuale. Condizioni come il diabete, l'ipertensione e l'obesità possono compromettere la salute sessuale, influenzando la capacità di avere e mantenere un'erezione, o causando altre disfunzioni sessuali.

2. Fattori Psicologici: La mente ha un impatto significativo sulla sessualità. Stress, ansia, depressione e problemi di autostima possono ridurre il desiderio sessuale e la performance. Inoltre, esperienze traumatiche o relazioni insoddisfacenti possono avere effetti duraturi sulla capacità di vivere la sessualità in modo positivo.

3. Fattori Relazionali: Le dinamiche interpersonali e la qualità della relazione con il partner influiscono profondamente sulla salute sessuale. Una comunicazione aperta e sincera, l'intimità emotiva e la fiducia reciproca sono elementi chiave per una vita sessuale appagante. Al contrario, conflitti irrisolti o mancanza di connessione possono portare a problemi sessuali.

4. Fattori Sociali e Culturali: Le norme culturali, le credenze religiose e le pressioni sociali possono modellare il modo in cui gli uomini vivono la propria sessualità. In alcune culture, parlare di sesso o cercare aiuto per problemi sessuali può essere considerato un tabù, limitando l'accesso a informazioni e cure adeguate.

5. Fattori Comportamentali: Le scelte di vita, come l'alimentazione, l'esercizio fisico, l'uso di sostanze come alcol o droghe, e il fumo, hanno un impatto diretto sulla salute sessuale. Adottare uno stile di vita sano può migliorare significativamente la funzione sessuale e prevenire molti problemi associati.

Differenze tra salute sessuale e funzione sessuale

È importante distinguere tra salute sessuale e funzione sessuale, poiché i due concetti, pur essendo correlati, non sono sinonimi.

• **Salute Sessuale:** Come descritto in precedenza, la salute sessuale si riferisce a un benessere più ampio che coinvolge aspetti fisici, emotivi, mentali e sociali della sessualità. Comprende la capacità di vivere la sessualità in modo sicuro, piacevole e consensuale, ed è strettamente legata alla qualità della vita complessiva.

• **Funzione Sessuale:** La funzione sessuale, invece, si concentra specificamente sulla capacità fisica di svolgere l'attività sessuale. Questo include l'erezione, l'eiaculazione, e la capacità di provare piacere e raggiungere l'orgasmo. La funzione sessuale può essere influenzata da fattori medici, ma anche da quelli psicologici e relazionali.

Mentre la funzione sessuale è una componente importante della salute sessuale, non ne è l'unico indicatore. Un uomo può avere una funzione sessuale perfettamente normale, ma soffrire di problemi di salute sessuale legati a insoddisfazione emotiva, relazionale o a un'incomprensione della propria sessualità.

La chiave per una vita sessuale appagante e sana risiede nel riconoscere l'importanza di entrambi gli aspetti e nel lavorare per mantenerli in equilibrio. Capire queste differenze aiuta a promuovere una visione più completa della salute sessuale, che abbraccia non solo la capacità di fare sesso, ma anche il modo in cui questa esperienza si inserisce nel contesto più ampio della vita di una persona.

Capitolo 5

L'invecchiamento e la Sessualità Maschile

Come cambia la sessualità con l'età

L'invecchiamento è un processo naturale che coinvolge tutto il corpo, compresa la sfera sessuale. Con l'avanzare dell'età, gli uomini possono sperimentare una serie di cambiamenti fisiologici che influenzano il desiderio, la funzione erettile, e la capacità di raggiungere l'orgasmo. Alcuni dei cambiamenti più comuni includono una riduzione del livello di testosterone, una minore elasticità dei tessuti erettili e una diminuzione del flusso sanguigno. Questi fattori possono portare a erezioni meno rigide, una riduzione della frequenza dei rapporti sessuali e un tempo di recupero più lungo tra un'erezione e l'altra.

Tuttavia, questi cambiamenti non significano necessariamente la fine della vita sessuale. Molti uomini continuano a godere di un'attività sessuale soddisfacente anche in età avanzata, adattandosi ai cambiamenti del proprio corpo e trovando nuove modalità di espressione della loro sessualità. La chiave è comprendere e accettare queste trasformazioni, senza vederle come una diminuzione della virilità o del piacere.

Miti e realtà sull'invecchiamento e il sesso

La sessualità maschile anziana è circondata da numerosi miti che possono influenzare negativamente la percezione di sé e la qualità della vita sessuale. Uno dei miti più diffusi è che con l'età l'interesse per il sesso svanisca naturalmente. Questo è falso. Sebbene il desiderio possa diminuire, molti uomini mantengono un forte interesse per il sesso anche dopo i 70, 80 e 90 anni. Un altro mito è che la disfunzione erettile sia inevitabile e che non ci sia nulla da fare al riguardo. In realtà, esistono molte soluzioni, dalle terapie mediche ai cambiamenti nello stile di vita, che possono migliorare significativamente la funzione sessuale.

È importante anche sfatare l'idea che il sesso in età avanzata sia rischioso per la salute. Sotto la guida del proprio medico se si è in buona salute generale, l'attività sessuale può essere non solo sicura ma anche benefica, contribuendo al benessere emotivo e fisico. Infine, il mito che il sesso sia meno gratificante con l'età è assolutamente errato. Per molti, il sesso può diventare un'esperienza più intima e soddisfacente, grazie alla maggiore confidenza e alla profondità emotiva che si sviluppano con il tempo.

Perché in linea teorica è possibile mantenere una vita sessuale attiva fino a 100 anni

Mantenere una vita sessuale attiva fino a 100 anni potrebbe essere a breve un obbiettivo raggiungibile per molti uomini. La chiave sta nell'adozione di uno stile di vita che promuova la salute sessuale e nell'apertura mentale a nuove esperienze. Prima di tutto, la salute fisica generale gioca un ruolo cruciale: una dieta equilibrata, l'esercizio fisico regolare e la gestione dello stress sono fondamentali per sostenere una buona funzione sessuale. Anche la comunicazione con il partner è essenziale; man mano che il corpo cambia è importante parlare apertamente delle proprie esigenze e desideri per trovare insieme nuove modalità di espressione sessuale.

Inoltre, la scienza medica ha fatto passi da gigante. Trattamenti per la disfunzione erettile e persino dispositivi tecnologici possono aiutare a mantenere una vita sessuale soddisfacente. Infine, la mentalità gioca un ruolo fondamentale. Abbracciare il cambiamento e vedere la sessualità come un viaggio continuo, piuttosto che come una performance basata su parametri giovanili, permette di mantenere un'attività sessuale appagante e gratificante per tutta la vita.

La sessualità non ha una data di scadenza. Con le giuste strategie, la passione e l'intimità possono essere compagni fedeli per tutta la vita, fino ad ora la letteratura scientifica ci dice che abbiamo raggiunto il traguardo degli 85 anni ed è possibile che con l'implementazione di norme di prevenzione si possa tagliare il traguardo dei 100 anni e oltre.

Capitolo 6

Anatomia della Funzione Sessuale Maschile

Il ciclo della risposta sessuale maschile

Il ciclo di risposta sessuale maschile secondo il pionieristico lavoro di Masters e Johnson[14] si articola in quattro fasi principali: eccitazione, plateau, orgasmo e risoluzione. Queste fasi descrivono l'andamento della risposta sessuale dal momento dell'eccitazione fino al ritorno allo stato di riposo.

1. Eccitazione: Questa fase inizia con il desiderio sessuale e la stimolazione fisica o psicologica. Durante l'eccitazione, il flusso sanguigno verso il pene aumenta, portando all'erezione. Possono verificarsi anche altri cambiamenti fisiologici, come l'aumento della frequenza cardiaca e la tensione muscolare.

2. Plateau: Nella fase di plateau, l'eccitazione raggiunge il suo apice. L'erezione si stabilizza e diventa più rigida, e il corpo si prepara per l'orgasmo. In questa fase, possono verificarsi ulteriori cambiamenti fisici, come l'arrossamento della pelle e l'aumento della respirazione.

3. Orgasmo: Questa è la fase culminante del ciclo, caratterizzata dall'eiaculazione e dalle contrazioni muscolari che accompagnano il rilascio di sperma. L'orgasmo è spesso associato a una sensazione di intenso piacere, e rappresenta il picco della risposta sessuale.

4. Risoluzione: Dopo l'orgasmo, il corpo entra nella fase di risoluzione, durante la quale il pene torna allo stato flaccido. Gli uomini attraversano un periodo refrattario, durante il quale non è possibile

---

[14] Masters, W.H., Johnson, V.E., 1966. Human Sexual Response. Little, Brown and Company, New York.

raggiungere una nuova erezione. La durata di questo periodo varia in base all'età e alla salute generale, e tende ad allungarsi con l'invecchiamento.

Cosa cambia con l'invecchiamento

Il ciclo di risposta sessuale maschile è influenzato da numerosi fattori, inclusi lo stato emotivo, la salute fisica e le esperienze passate. Comprendere queste fasi aiuta a identificare eventuali problemi e a migliorare l'esperienza sessuale complessiva, consentendo di adattarsi ai cambiamenti che l'invecchiamento può comportare. Fondamentalmente ci vuole più tempo per raggiungere l'erezione dallo stimolo erotico all'erezione. Mentre in un giovane ci vogliono pochi secondi nei senior si parla di alcuni minuti, inoltre, si fa più fatica a mantenere a lungo l'erezione durante tutta l'attività sessuale. Per quanto riguarda la più conosciuta delle ricompense per questa fatica, si fa più fatica a raggiungere l'orgasmo e l'intensità dell'orgasmo potrebbe durare di meno ed essere meno esplosivo. Per quanto riguarda l'eiaculazione la forza propulsiva dell'eiaculazione si riduce mentre il tempo refrattario si allunga.

La fisiologia dell'erezione

L'erezione è un processo complesso che coinvolge un'interazione coordinata tra il sistema nervoso centrale, i vasi sanguigni e il tessuto cavernoso del pene. Quando un uomo è sessualmente eccitato, il cervello invia segnali ai nervi del pene, rilasciando neurotrasmettitori che stimolano il rilasciamento delle arterie che circondano le arterie del pene. Questo rilasciamento determina una vasodilatazione con un aumento del flusso sanguigno che è premessa indispensabile ma non sufficiente per avere la rigidità. Infatti, il semplice aumento del flusso sanguigno dovuto alla vasodilatazione delle arterie del pene fa gonfiare il pene ma non lo rende rigido per la penetrazione. A Roma tale condizione si chiama pene "barzotto" tecnicamente invece viene chiamato gonfio ma non sufficiente per la penetrazione ed in una scala della rigidità che va da 0 a 4 viene catalogato 2.[15] Qui di seguito la scala per una valutazione oggettiva della rigidità del pene Erection Hardness Score Punteggio per la rigidità del pene

[0] Pene a riposo
[1] Pene più grande ma no duro
[2] Pene inizia ad indurirsi ma non è sufficiente per la penetrazione
[3] Pene duro sufficiente per la penetrazione ma non è al massimo
[4] Peno duro al massimo

Per ottenere la rigidità si deve verificare un altro fenomeno intrappolare il sangue dentro i corpi cavernosi. Questo delicato meccanismo si basa sulla chiusura delle vene del pene attraverso due passaggi.

A seguito dello stimolo erotico il sangue giunge copioso nel pene e riempiendo il tessuto cavernoso lo distende e lo gonfia. Questa dilatazione del tessuto cavernoso porta ad una compressione meccanica delle vene che dovrebbero scaricare il sangue. In questo modo il sangue rimane intrappolato dentro al pene fino a quando il tessuto cavernoso è dilatato determinando la rigidità e l'erezione. L'erezione è mantenuta finché il flusso sanguigno rimane alto e le vene restano compresse. Una volta che l'eccitazione si riduce o si raggiunge l'orgasmo, le arterie si contraggono, si perde la compressione delle vene il sangue non è più intrappolato dentro il pene e si torna allo stato flaccido.

Cosa accade con l'invecchiamento[16-17]

Questo delicato equilibrio tra il sistema nervoso, i vasi sanguigni e

---

[15] Mulhall JP, Goldstein I, Bushmakin AG, Cappelleri JC, and Hvidsten K. Validation of the Erection Hardness Score. J Sex Med 2007;4:1626–1634.

[16] Mola JR Erectile Dysfunction in the Older Adult Male Urol Nurs. 2015 Mar-Apr;35(2):87-93.

[17] Slayday RE. et al. Erectile Function, Sexual Satisfaction, and Cognitive Decline in Men from Midlife to Older Adulthood. Gerontologist. 2023 Feb 25;63(2):382-394

la muscolatura del sistema vascolare può essere influenzato da numerosi fattori, come l'età, lo stato di salute generale, lo stress e l'assunzione di farmaci. Ciascuno di questi fattori può influenzare l'afflusso di sangue al pene ma anche l'elasticità dei tessuti che progressivamente si perde con l'avanzare dell'età. Questa perdita della elasticità dei tessuti porta alla spiacevole conseguenza che nel momento in cui si ha l'afflusso di sangue dentro il pene il tessuto cavernoso non si può più distendere in modo efficace per comprimere le vene per evitare che queste portino via il sangue dal pene. Il blocco del deflusso flusso venoso in grado di determinare la rigidità per intrappolamento del sangue diventa via via meno efficiente e sebbene si abbia conservato il forte il desiderio di fare sesso e possedere la propria moglie o partner ed il pene si gonfi un po' viene a mancare la rigidità necessaria per la penetrazione Comprendere la fisiologia dell'erezione è essenziale per riconoscere e gestire eventuali problemi che possono sorgere con l'età ma soprattutto agire su quei fattori che consentano di rendere efficiente il blocco venoso che avviene dentro il pene.

Capitolo 7

L'Andropausa e il Ruolo del Testosterone nella Sessualità e Longevità Maschile

Ormoni e loro ruolo nella sessualità

Gli ormoni giocano un ruolo cruciale nella regolazione della funzione sessuale maschile. Il testosterone, prodotto principalmente nei testicoli, è l'ormone chiave che influenza il desiderio sessuale, la produzione di spermatozoi, la distribuzione del grasso corporeo, la massa muscolare e la densità ossea. I livelli di testosterone raggiungono il picco durante l'adolescenza e la prima età adulta, ma tendono a diminuire gradualmente con l'avanzare dell'età, un processo noto come andropausa o ipogonadismo a insorgenza tardiva.

La diminuzione del testosterone può influenzare la libido, ridurre l'energia e portare a cambiamenti nella funzione erettile. Tuttavia, il testosterone non è l'unico ormone coinvolto. Anche gli estrogeni, seppur in quantità molto ridotte negli uomini, giocano un ruolo nella regolazione del desiderio sessuale. Inoltre, l'ossitocina, spesso chiamata «ormone dell'amore», è fondamentale per l'orgasmo e la formazione dei legami affettivi.

Il bilancio ormonale è quindi essenziale per una vita sessuale sana. Qualora vi siano squilibri, è possibile intervenire con terapie mirate, ma sempre sotto stretto controllo medico, per evitare effetti collaterali pericolosi di una terapia farmacologica o complicazioni.

Che Cos'è l'Andropausa?

L'andropausa, spesso definita come «Late-Onset Hypogonadism» (LOH), rappresenta una fase della vita maschile caratterizzata da un graduale declino della produzione di testosterone. Questo fenomeno può avvenire intorno ai 50 anni o più tardi ed è analogo, seppur meno drammatico e più graduale, alla menopausa femminile. Durante l'andropausa, alcuni uomini possono sperimentare sintomi quali riduzione della libido, affaticamento, cambiamenti d'umore, perdita di massa muscolare, aumento del grasso corporeo e diminuzione della densità ossea.

Il Ruolo del Testosterone nella sessualità

Il testosterone è l'ormone sessuale maschile per eccellenza, prodotto principalmente dai testicoli. Esso svolge un ruolo cruciale non solo nella regolazione della libido e delle funzioni sessuali, ma anche nella salute generale, contribuendo alla produzione di globuli rossi, al mantenimento della densità ossea e alla composizione corporea. Il declino naturale del testosterone con l'età può avere un impatto significativo sulla qualità della vita, influenzando sia la salute fisica che mentale.

Testosterone e Longevità[18]

Studi scientifici suggeriscono che il mantenimento di livelli adeguati di testosterone può essere correlato a una maggiore longevità. Il testosterone contribuisce infatti a preservare la massa muscolare, ridurre il grasso viscerale e migliorare la densità ossea, fattori essenziali per prevenire condizioni come l'osteoporosi e le malattie metaboliche. Tuttavia, livelli troppo bassi di testosterone sono stati associati a un aumento del rischio di malattie cardiovascolari, diabete di tipo 2 e sindrome metabolica.

Mantenere Normali Livelli di Testosterone

Alimentazione e Integratori

Una dieta bilanciata e ricca di nutrienti è fondamentale per sostenere la produzione naturale di testosterone. Cibi ricchi di zinco, magnesio, vitamina D e grassi sani (come quelli presenti in avocado, olio d'oliva e noci) sono essenziali. Integratori come il DHEA, la vitamina D, lo zinco e il magnesio possono aiutare, ma è sempre consi-

---

[18] Ketchem JM et al. Male sex hormones, aging, and inflammation Male sex hormones, aging, and inflammation Biogerontology 2023; 24 – 1 -25

gliabile consultare un medico prima di iniziare qualsiasi integrazione perché il mercato degli integratori è molto vasto, molto aggressivo sul pubblico, non tutti gli integratori sono indicati e non tutti gli integratori hanno dimostrato prova di efficacia.

Attività Fisica

L'esercizio fisico regolare è uno dei modi più efficaci per mantenere alti i livelli di testosterone. L'attività fisica aiuta a ridurre il grasso corporeo, che è inversamente correlato ai livelli di testosterone, e stimola direttamente la produzione di questo ormone. Ovviamente il ritmo e l'intensità della attività fisica va praticata in funzione del proprio stato di salute sotto un rigido controllo cardiologico

Il Ruolo della Terapia Sostitutiva con Testosterone

La terapia sostitutiva con testosterone (TRT) può essere una soluzione efficace per gli uomini che presentano sintomi significativi di andropausa e livelli di testosterone molto bassi. Questa terapia comporta la somministrazione di testosterone tramite iniezioni, cerotti o gel, con l'obiettivo di riportare i livelli ormonali a un range normale. Il problema fondamentale risiede nel fatto che non può essere fatta con auto prescrizione comprando su internet i farmaci perché la somministrazione del testosterone non è priva di rischi. A tale proposito va ricordato che nel 1966 Charles Brenton Huggins fisiologo canadese naturalizzato Statunitense fu insignito del premio Nobel per avere dimostrato che il cancro della prostata va in progressione somministrando il testosterone e va in regressione con gli estrogeni. Se poi consideriamo che dopo i 70 anni ben il 40% degli uomini ha delle cellule di tumore dentro la prostata ci possiamo rendere conto a quali rischi si può andare incontro. Sebbene sia vero che la maggior parte di questi tumori sono tumori latenti senza manifestazioni cliniche tali da portare a morte l'individuo sorge spontanea la domanda perché andare a svegliare il can che dorme? Inoltre, la terapia sostituiva con testosterone è stato associata ad un aumento delle malattie cardiovascolari e alle apnee notturne. Perciò per ragioni non solo prudenziali ma anche di logica l'inizio di una terapia con testosterone va valutata caso per caso con l'auto di un endocrinologo ed un urologo.

Riassumiamo qui brevemente vantaggi e rischi della terapia di sostituzione del testosterone

Vantaggi della TRT (Testosterone Replacement Therapy) quando indicata

1. Miglioramento della Funzione Sessuale: Aumento della libido e miglioramento delle erezioni.

2. Aumento della Massa Muscolare e Riduzione del Grasso Corporeo: Favorisce una composizione corporea più sana.

3. Miglioramento dell'Umore e della Qualità della Vita: Riduzione di sintomi come depressione e affaticamento.

Rischi della TRT

Problemi Cardiovascolari: Aumento del rischio di malattie cardiache, specialmente in uomini con una storia pregressa.

Aumento della Probabilità di Apnea Notturna: La TRT può esacerbare o causare apnea notturna in alcuni individui.

Effetti Collaterali Prostatici: Potenziale aumento del rischio di iperplasia prostatica benigna e cancro alla prostata.

Fai il test per vedere se hai l'ipogonadismo

test di screening per ipogonadismo ADAM Androgen Deficiency aging males[19]

1 - Hai riscontrato una diminuzione del desiderio sessuale (libido)?

2 - Hai una mancanza di energia?

3 - Hai riscontrato una diminuzione della forza e/o resistenza?

4 - Hai perso altezza?

5 - Hai notato una diminuzione del «godimento della vita»?

6 - Sei triste e/o irritabile?

7 - Le tue erezioni sono meno forti?

8 - Hai notato recentemente una deteriorazione della tua capacità di praticare sport?

9 - Ti addormenti dopo cena?

10 - C'è stata una recente deteriorazione delle tue prestazioni lavorative?

NOTA. Un risultato positivo al questionario, che suggerisce una possibile carenza di androgeni, è definito come una risposta «sì» alle domande 1 o 2 o a tre altre domande.

Questo test non rappresenta una diagnosi definitiva, ma serve come strumnto di screening per identificare individui che potrebbero avere bisogno di ulteriori valutazioni mediche.

---

[19] Morley J. Validation of a screening questionnaire for androgens deficiency in aging males Metabolism Volume 49, Issue 9, September 2000; 1239-1242

Parte IV
Strategie di Prevenzione per Mantenere la Salute Sessuale

Capitolo 8

Alimentazione e Salute Sessuale

Gli alimenti che favoriscono la funzione erettile

La dieta gioca un ruolo cruciale nel mantenimento della salute sessuale, specialmente quando si tratta della funzione erettile.

Prima di addentrarci su alcuni aspetti delle diete vorrei sottolineare alcune avvertenze necessarie quando si affronta il problema delle diete e della salute ritengo cioè che questi aspetti vadano studiati e vadano seguite alcune regole per separare loglio dal grano che ci servirà tutta la vita senza stare a sentire dei "fuffaguro" improvvisati che sui social si improvvisano divulgatori.

Per tale ragione prima di addentrarci su alcuni dati utili consiglio questi 5 punti che possono essere utili non solo per l'erezione ma per la longevità.

1. Studiare cosa sia l'educazione alimentare di cui qui di seguito segnalo alcuni aspetti

Promozione di abitudini alimentari sane:
cosa costituisce una dieta equilibrata e sana
Comprensione delle etichette nutrizionali:
imparare ad avere gli strumenti per leggere e interpretare le informazioni nutrizionali sui prodotti alimentari.
Imparare a riconoscere ingredienti, additivi e la presenza di zuccheri aggiunti, grassi saturi e sodio.
Sensibilizzazione sugli effetti degli alimenti sulla salute:
Informarsi sui rischi legati al consumo eccessivo di alimenti ultra-processati.
Acquisire la consapevolezza dell'impatto di una dieta sana nella prevenzione di malattie come obesità, diabete e patologie cardiovascolari.

41

Educazione alla sicurezza alimentare:
Imparare le pratiche igieniche per la manipolazione e la conservazione degli alimenti e sul rischio di contaminazioni e intossicazioni alimentari.
Consapevolezza della sostenibilità alimentare:
Promuovere l'acquisto e il consumo di alimenti locali e di stagione. Incoraggiare pratiche che riducano lo spreco alimentare.

2. Capire che cosa sono i cibi processati

3. Consultare un esperto nutrizionista

4. Non dare retta a chi sui social si improvvisa nutrizionista senza averne titoli e su chi non porta i dati scientifici pubblicati su riviste specializzate

5. Tenere conto degli Istituti sulla nutrizione e sulle linee guida della società scientifiche

È necessario, perciò, consultarsi con un Nutrizionista per fare una dieta ed un regime alimentare ritagliato su misura per il proprio caso che duri per tutta la vita. In linea generale se vogliamo adattare la dieta alle problematiche della erezione dobbiamo preferire quelle diete che consentono di tenere bassi i livelli di colesterolo, evitare i picchi glicemici ed il carico dei carboidrati, ed un adeguato numero di calorie che consentano di mantenere un peso forma o più precisamente un body mass index nella norma.

Non è questo il libro per descrivere quali sono questi alimenti e ad un lettore attento molti di questi sono già noti come ad esempio le verdure, i legumi la frutta. Qui voglio mettere solo in evidenza che gli stessi elementi della dieta utili per il sistema cardiovascolare sono ugualmente utili per l'erezione.

Se una delle componenti fondamentali della erezione è l'afflusso di sangue e l'integrità del sistema vascolare è chiaro che una dieta deve rispettare questo principio attraverso vari modi, tra cui anche la dieta. Infatti, la salute vascolare del pene è strettamente legata alle nostre abitudini alimentari. Una dieta equilibrata può ridurre significativamente il rischio di malattie cardiovascolari, tra cui infarti e ictus così

come migliorare la circolazione del pene.
Tra i principali fattori dietetici che influenzano la salute del cuore troviamo il colesterolo, i carboidrati, le calorie, lo stato infiammatorio e i micronutrienti.

Esploriamo come ciascuno di questi elementi può influenzare il benessere cardiovascolare.

Colesterolo: un Equilibrio Delicato

Il colesterolo è una sostanza lipidica essenziale per il corpo umano, ma un eccesso può essere dannoso per la salute cardiovascolari. Esistono due tipi principali di colesterolo: LDL (colesterolo «cattivo») e HDL (colesterolo «buono»). L'LDL può accumularsi nelle pareti delle arterie, formando placche che possono restringere o bloccare i vasi sanguigni, aumentando il rischio di disfunzione erettile. Al contrario, l'HDL aiuta a rimuovere l'LDL dalle arterie, proteggendo così la circolazione. Fino ad alcuni anni fa esisteva il dogma di dover ridurre la quantità di grassi assunti con la dieta per ridurre i livelli di colesterolo. Oggi invece si è visto che i grassi assunti con la dieta incidono solo per un 30% perché il fegato geneticamente predisposto trasforma i carboidrati in colesterolo.
Le nuove diete, quindi, oggi tendono ad un controllo della quantità di carboidrati assunto per ridurre anche i livelli di colesterolo. Se a seguito degli alti livelli di colesterolo il pene funziona male conviene fare un controllo cardiologico perché le arterie del cuore le coronarie non sono poi così diverse dalle arterie del pene se non per le dimensioni. Se non arriva sangue al pene attraverso le sue arterie si ha la disfunzione erettile ma se non arriva sangue al cuore attraverso le coronarie....... Così come suggerito in questo articolo di Martin Miner [20]

---

[20] Miner M. et al.. All Men with Vasculogenic Erectile Dysfunction Require a Cardiovascular Workup. The American Journal of Medicine, Vol 127, No 3, March 2014

Carboidrati: Qualità Contro Quantità

I carboidrati sono una fonte essenziale di energia per il corpo, ma non tutti i carboidrati sono uguali. Esiste una distinzione importante tra carboidrati semplici e complessi. I carboidrati semplici, come quelli contenuti in zuccheri raffinati e dolci, possono aumentare rapidamente i livelli di zucchero nel sangue, portando a picchi di insulina e, nel lungo termine, a un maggiore rischio di diabete e malattie cardiache. Difficile dire qui quanti carboidrati dovrebbero essere assunti al giorno perché questo varia da persona a persona per età, attività lavorativa, sportiva, sesso ed obbiettivi di salute specifici.

Quello che va considerato è che è buona norma cercare di ridurne la quantità assumendo contemporaneamente delle fibre e cercando di evitare i carboidrati semplici o raffinati ciò al fine di evitare il cosiddetto picco glicemico e la produzione endogena di insulina che poi è quella che favorisce la trasformazione di questi carboidrati in colesterolo ed incide significativamente sulle calorie assunte ogni giorno.

Pasta, riso, pizza, patate sono ricchi di carboidrati e già solo un piatto di pasta da 100 grammi avvicina di molto la quantità giornaliera da non superare.

È fondamentale a questo riguardo aumentare la propria consapevolezza sulla quantità di carboidrati presenti nei cibi leggendo le etichette dei cibi che acquistiamo per poter far e un bilancio giornaliero ed avere un target al disotto del quale in funzione del peso, sesso, attività lavorativa sport e costituzione genetica etc. è possibile stare.

A titolo di esempio riporto la quantità di carboidrati presenti in alcuni cibi di uso comune. Se come in alcune diete tese a ridurre i livelli di colesterolo, il peso corporeo, lo stato infiammatorio il target giornaliero di carboidrati è di 150 grammi potete vedere come con un solo piatto di pasta di 100 grammi si arriva già a 70 grammi di carboidrati. I valori indicati sono approssimativi e servono solo a dare una idea delle quantità:

Latte 250 ml 12 gr
Biscotti 1 biscotto 6-7 grammi
Cornetto semplice 25 gr
Cucchiani di zucchero nel caffè 5 gr
Pasta 100 grammi 70 g
Patate al forno 100 grammi 20gr

Riso 100 grammi 80 gr
Pane 100 grammi 63 gr

Leggere le etichette è molto utile perché non avete idea di quanti carboidrati e zuccheri sono contenuti negli alimenti in quantità non convenienti per il proprio organismo.

Il mio suggerimento, perciò, è quello di imparare a leggere sulle etichette la quantità di carboidrati e zuccheri sugli alimenti in modo da avere in primo luogo la percezione di quello che si mangia e successivamente tentare di fare una programmazione o meglio un regime alimentare povero di zuccheri e ricco di fibre e verdure.

Digiuno intermittente

Poiché l'obbiettivo di mantenere le arterie del pene "pulite" dai grassi è un aspetto cruciale da fare tutta la vita, si sta rapidamente diffondendo tra i nutrizionisti, la dieta con il digiuno intermittente. In questo regime alimentare si ha un periodo di digiuno in genere di 16 ore ed un periodo nel quale si può mangiare di circa 8 ore. Su questa alternanza ci sono vari protocolli e gli studi sono ancora in corso. In alcune ricerche non ancora controllate alcuni cardiologi hanno avanzato l'ipotesi di un rischio per i soggetti normali tanto che in una intervista al Corriere della Sera del professor Walter Longo, lo studioso italiano della UCLA University di Los Angeles che per primo ha generato l'ipotesi che il digiuno possa far aumentare la longevità perché proteggerebbe dalle dislipidemie, dall'infiammazione e dai tumori, ha concordato di ridurre 16 a 12 ore il periodo del digiuno per stare in sicurezza. I sostenitori di questa innovativa tecnica insistono sul ruolo fondamentale per proteggere le arterie del digiuno intermittente e ridurre lo stato infiammatorio con la finestra 16/8 perché durante il digiuno i carboidrati verrebbero bruciati dal metabolismo e si impedirebbe la loro trasformazione in colesterolo e si ridurrebbe lo stato infiammatorio. Appare evidente che se questo sarà uno dei meccanismi futuri per la preservazione della salute del sistema cardiovascolare avrà una ricaduta anche sulla conservazione della erezione fino a tarda età. Al momento facendo una ricerca con le parole "Intermitting fasting AND erectile function" su PUBMED, la banca dati delle ricerche scientifiche di tutto il mondo, escono fuori solo due lavori che cito nella nota bibliografica[21]-[22]. Uno a favore e l'altro contrario perché non ha trovato differenze nei vari aspetti della funzione sessuali negli uomini di 37 anni negli ultimi giorni del Ramadan. Nel primo articolo invece il digiuno intermittente avrebbe avuto un ruolo benefico nei soggetti affetti da disfunzione erettile. Ovviamente quando gli studi saranno in grado di dare delle risposte scientifiche conclusive sulla base di studi randomizzati anche i protocolli per mantenere più a lungo l'erezione o per recuperarla verranno aggiornati. Sebbene al momento nei protocolli dell'Andrologia questo regime alimentare non è contemplato va ricordata la storia di come si è arrivati alla dimostrazione dell'effetto dannoso del fumo sull'uomo e quando questo è diventato patrimonio di tutti. È stato un lungo percorso se consideriamo che fino agli anni 60 si vedeva ancora una pubblicità nella quale persone con il camice bianco sostenevano che le sigarette al mentolo facessero respirare bene. Potenza delle lobby!! Passando a considerare le lobby delle industrie alimentari che producono i cibi raffinati e quelli pieni di carboidrati e zuccheri quanto tempo ci vorrà affinché ricerche indipendenti possano dimostrare quello che intuitivamente sembra già logico oggi?

Calorie: Bilanciare il Consumo Energetico

Il bilancio calorico è fondamentale per mantenere un peso corporeo sano, che a sua volta è un fattore determinante per la conservazione della mobilità e della salute cardiovascolare e quindi per l'apporto di sangue al pene. Un eccesso di calorie, indipendentemente dalla fonte, porta all'aumento di peso e all'accumulo di grasso corporeo, che può aumentare la pressione sanguigna e il rischio di aterosclerosi.

---

[21] Huynh LM. Et al. Organic Diet and Intermittent Fasting are Associated with Improved Erectile Function Urology 2020 Oct: 144:147-151

[22] Talib R:, et al. The effect of fasting on erectile function and sexual desire on men in the month of Ramadan Urol J. 2015 Apr 29;12(2):2099-102

Per mantenere un sistema circolatorio sano premessa fondamentale per una buona erezione, è importante consumare una quantità di calorie che sia adeguata al proprio livello di attività fisica. L'equilibrio tra le calorie ingerite e quelle bruciate determina il mantenimento, la perdita o l'aumento di peso. Un approccio equilibrato prevede un apporto calorico che soddisfi le necessità energetiche quotidiane senza eccedere, riducendo così il rischio di obesità e delle relative complicazioni cardiovascolari.

Il primo step è però prendere consapevolezza del proprio stato. A questo proposito ci sono alcune misure che ci possono indicare quanto siamo fuori peso

Il sovrappeso viene generalmente valutato utilizzando una combinazione di indicatori che forniscono informazioni sul peso corporeo rispetto alla statura e alla composizione corporea. Ecco i principali indicatori: [23]-[24]-[25]

Indice di Massa Corporea (IMC) o Body Mass Index (BMI)

L'Indice di Massa Corporea (IMC) è uno degli strumenti più comuni per valutare se una persona è in sovrappeso. Si calcola dividendo il peso (in chilogrammi) per il quadrato dell'altezza (in metri).

Formula IMC:

IMC=Peso (kg)Altezza (m)2\text{IMC} = \frac{\text{Peso

---

[23] World Health Organization (WHO).

Obesity: Preventing and Managing the Global Epidemic. Report of a WHO Consultation.

WHO Technical Report Series 894, Geneva: World Health Organization; 2000.

Disponibile su: https://www.who.int/publications/i/item/WHO-TRS-894

[24] National Institutes of Health (NIH).Clinical Guidelines on the Identification, Evaluation, and Treatment of Overweight and Obesity in Adults: The Evidence Report.

NIH Publication No. 98-4083. Bethesda, MD: National Heart, Lung, and Blood Institute; 1998.

Disponibile su: https://www.nhlbi.nih.gov/files/docs/guidelines/ob_gdlns.pdf

[25] American Heart Association (AHA).

Understanding the Impact of Excess Body Weight on Cardiovascular Health.

AHA Scientific Statement, Circulation. 2020; 141.

Disponibile su:

https://www.ahajournals.org/doi/full/10.1161/CIR.0000000000000758

z(kg)}} {\text{Altezza (m)}^2}IMC=Altezza (m)2Peso (kg)

Classificazioni IMC:

Sottopeso: < 18,5

Peso normale: 18,5 - 24,9

Sovrappeso: 25 - 29,9

Obesità: ≥ 30

L'IMC è un indicatore semplice e ampiamente utilizzato, ma non distingue tra massa muscolare e grasso corporeo, il che può limitare la sua precisione in alcuni casi.

Circonferenza Vita

La circonferenza della vita è un indicatore del grasso addominale, che è un fattore di rischio importante per malattie cardiovascolari e diabete. Misurare la circonferenza vita può fornire indicazioni aggiuntive rispetto all'IMC.

Valori di riferimento per il rischio aumentato:

Uomini: > 94 cm

Donne: > 80 cm

Un eccesso di grasso addominale è associato a un maggiore rischio di problemi di salute, anche in persone con un IMC normale.

Rapporto Vita/Fianchi (WHR)

Il rapporto vita/fianchi (WHR) confronta la circonferenza della vita con quella dei fianchi e fornisce un'indicazione del rischio cardiovascolare.

Valori di riferimento per il rischio aumentato:

Uomini: > 0,9

Donne: > 0,85

Un rapporto elevato suggerisce un accumulo di grasso viscerale, che è più pericoloso rispetto al grasso sottocutaneo.

Percentuale di Grasso Corporeo

Misurare la percentuale di grasso corporeo fornisce una valutazione più precisa della composizione corporea rispetto all'IMC. Questo valore può essere misurato mediante plicometria, bioimpedenza o DEXA (assorbimetria a raggi X).

Valori medi di riferimento:
Uomini: 10% - 20% di grasso corporeo
Donne: 20% - 30% di grasso corporeo
Indice di Massa Grassa Viscerale
L'indice di massa grassa viscerale è un altro parametro utilizzato per determinare il rischio associato al grasso intorno agli organi interni.
L'IMC rimane un indicatore di base utile, ma combinare la valutazione del peso con la circonferenza vita, il rapporto vita/fianchi e la percentuale di grasso corporeo fornisce una visione più completa del rischio associato al sovrappeso e all'obesità. Il suggerimento anche qui non è fai da te ma affronta questo aspetto con uno specialista.

Stato Infiammatorio: Il Ruolo della Dieta

Lo stato infiammatorio cronico è un importante fattore di rischio per le malattie cardiovascolari che si riflette negativamente sulla salute del pene e delle erezioni. L'infiammazione può danneggiare i vasi sanguigni e contribuire alla formazione di placche aterosclerotiche. La dieta può influenzare significativamente il livello di infiammazione nel corpo. Alimenti ricchi di grassi saturi, zuccheri raffinati e cibi ultra-processati tendono a promuovere l'infiammazione, mentre cibi ricchi di antiossidanti e grassi sani, come frutta, verdura, noci e pesce, possono ridurre l'infiammazione. Particolare attenzione dovrebbe essere data agli alimenti ricchi di omega-3, come il pesce grasso (salmone, sgombro), che sono noti per le loro proprietà antinfiammatorie. Anche spezie come la curcuma e lo zenzero hanno dimostrato di avere effetti antinfiammatori. Adottare una dieta antinfiammatoria può quindi essere una strategia efficace per ridurre il rischio di malattie cardiovascolari e conseguentemente migliorare l'efficienza del pene e della sua erezione.
Dosi e ricette adatte al proprio caso vanno concordate con uno specialista. Non solo ma suggerisco sempre di leggere le etichette che trovate nei super mercati per capirne la provenienza e sapere se in quella regione del mondo il mercato è "tutelato" da pesticidi e fitofarmaci.

Micronutrienti: Piccoli Ma Essenziali

I micronutrienti, come vitamine e minerali, svolgono un ruolo fondamentale nella salute cardiovascolare, anche se sono necessari in quantità minime. Ad esempio, la vitamina D e il magnesio sono essenziali per il mantenimento della salute delle arterie e la regolazione della pressione sanguigna. La carenza di potassio, invece, può contribuire all'ipertensione, un noto fattore di rischio per le malattie cardiovascolari.

Anche gli antiossidanti come la vitamina C e la vitamina E svolgono un ruolo chiave nel proteggere le cellule dai danni ossidativi, che possono contribuire alla formazione di placche aterosclerotiche. Includere nella dieta una varietà di alimenti ricchi di micronutrienti, come frutta, verdura, noci e semi, è quindi fondamentale per mantenere un sistema cardiovascolare sano.

Conclusione

Esiste una correlazione diretta tra salute cardiovascolare ed erezione. Scopo di questo capitolo e quello di migliorare la consapevolezza di questa variabile tra gli uomini e stimolarli a seguire una dieta sana che oltre a proteggere le arterie ed il cuore fa bene alla erezione. Mantenere una dieta sana, anche con l'aiuto di uno specialista, è uno dei modi più efficaci per proteggere il pene e prevenire le malattie cardiovascolari. Acquisire una educazione alimentare che porti a un'attenta gestione del colesterolo, a una scelta intelligente dei carboidrati, a un bilancio calorico adeguato, alla riduzione dell'infiammazione e a un apporto ottimale di micronutrienti sono gli elementi chiave di una strategia alimentare per la salute del pene e del sistema cardiovascolare.

Prendersi cura del proprio pene attraverso l'alimentazione non solo migliora la qualità della vita, ma può anche prolungarla significativamente. È noto, infatti, che negli uomini giunti al pronto soccorso per un infarto nel 70% dei casi 3-4 anni prima avevano avuto la disfunzione erettile[26] 3-4 anni prima. Chissà se l'attenzione di questi

---

[26] Montorsi F, Briganti A, Salonia A, et al. Erectile dysfunction prevalence, time of onset and association with risk factors in 300 consecutive patients with acute chest pain and angiographically documented coronary artery disease. Eur Urol. 2003;44(3):360-364;

uomini sia stata fuorviata dalla ricerca di una situazione eroticamente più stimolante invece che non dalla considerazione della disfunzione erettile come campanello di allarme di un rischio cardiovascolare. Oggi ormai è acquisito che la disfunzione erettile è un marker indipendente del rischio cardiovascolare[27]

---

[27] Miner M et al. All men with vasculogenic erectile dysfunction require a cardiovascular workup Am J Med 2014 Mar;127(3):174-82

Capitolo 9

Il Peso Corporeo e la Funzione Sessuale

Come il sovrappeso influisce sulla sessualità

Il peso corporeo è strettamente legato alla salute sessuale. Il sovrappeso e l'obesità sono fattori di rischio significativi per la disfunzione erettile e altre problematiche sessuali. L'eccesso di grasso corporeo può influenzare negativamente la funzione sessuale in vari modi. Innanzitutto, il grasso viscerale, che si accumula attorno agli organi interni, può causare infiammazione cronica e portare a malattie cardiovascolari, che riducono il flusso sanguigno necessario per un'erezione soddisfacente.

Inoltre, il sovrappeso è associato a una riduzione dei livelli di testosterone, l'ormone maschile responsabile del desiderio sessuale. Un livello basso di testosterone può ridurre la libido e la capacità di ottenere un'erezione. Infine, l'eccesso di peso può influenzare la percezione di sé e l'autostima, creando un circolo vizioso di ansia e insoddisfazione che peggiora ulteriormente la vita sessuale. Non ultimo l'obesità impedisce alcune posizioni del sesso per la difficolta di raggiungere la vagina con il proprio pene per il grasso sovra pubico nel quale è "seppellito" il pene

Strategie per perdere peso e migliorare la vita sessuale

Perdere peso non solo migliora la salute generale, ma può anche avere un impatto positivo diretto sulla funzione sessuale. Una combinazione di dieta equilibrata e attività fisica regolare è la strategia più efficace per perdere peso in modo sano e sostenibile. Ridurre l'apporto calorico giornaliero, eliminando cibi processati, zuccheri aggiunti e grassi saturi, è un buon punto di partenza. Una dieta ricca di frutta, verdura, proteine magre e grassi sani, come quelli presenti in noci e olio d'oliva, supporta la perdita di peso e migliora la salute cardiovascolare.

L'attività fisica regolare, in particolare l'esercizio aerobico e di resistenza, è essenziale per bruciare calorie e mantenere la massa muscolare. Anche l'esercizio aiuta a migliorare l'umore e a ridurre lo stress, che sono fattori importanti per una vita sessuale sana. Includere esercizi specifici per rafforzare il pavimento pelvico può aiutare a migliorare la funzione erettile.

Un altro aspetto cruciale per la perdita di peso è il supporto emotivo e psicologico. Partecipare a gruppi di supporto o lavorare con un nutrizionista o un personal trainer può fare una grande differenza. È importante fissare obiettivi realistici e celebrare i progressi, mantenendo una mentalità positiva. Anche per questo aspetto è utile la raccomandazione di farsi aiutare da uno specialista per trovare le strategie, le scelte terapeutiche e le motivazioni per dimagrire.

Mantenere un peso sano a lungo termine

Mantenere un peso sano a lungo termine richiede un cambiamento nello stile di vita piuttosto che una soluzione temporanea. Adottare abitudini alimentari sostenibili, come mangiare porzioni moderate, evitare il cibo spazzatura e restare attivi quotidianamente, è fondamentale. Inoltre, imparare a gestire lo stress, che può spesso portare a un'alimentazione emotiva, è essenziale per evitare di riprendere il peso perso.

L'automonitoraggio è un altro strumento utile. Tenere traccia del proprio peso, della dieta e dell'esercizio fisico può aiutare a mantenere la motivazione e a prevenire ricadute. Infine, mantenere una mentalità flessibile e indulgente verso se stessi aiuta a gestire le inevitabili sfide senza scoraggiarsi, favorendo così un mantenimento del peso a lungo termine e una vita sessuale più appagante.

Capitolo 10

Attività fisica e salute sessuale

L'impatto dell'esercizio fisico sulla funzione erettile

L'esercizio fisico regolare è uno dei pilastri fondamentali per mantenere una buona salute sessuale[28]. Numerosi studi hanno dimostrato che l'attività fisica ha un impatto diretto sulla funzione erettile attraverso il miglioramento della salute cardiovascolare e la riduzione dei fattori di rischio associati alla disfunzione erettile, come l'obesità, il diabete e l'ipertensione.[29]-[30]-[31]-[32]

L'esercizio aerobico, come camminare, correre, nuotare, migliora la circolazione sanguigna, aumentando la capacità del cuore di pompare

---

[28] Sgrò P. and Di Luigi L. Sport and male sexuality J End Inv 2017 Sep;40(9):911-923.

[29] Silva, A. B., Sousa, N., & Miranda, A. C. (2019). Physical activity and exercise for erectile dysfunction: Systematic review and meta-analysis. British Journal of Sports Medicine, 53(13), 866-873.Disponibile su: https://doi.org/10.1136/bjsports-2017-098733

[30] Esposito, K., Giugliano, F., Di Palo, C., Giugliano, G., Marfella, R., & Giugliano, D. (2004).
Effect of lifestyle changes on erectile dysfunction in obese men: A randomized controlled trial. JAMA, 291(24), 2978-2984. Disponibile su: https://doi.org/10.1001/jama.291.24.2978

[31] Kohler, T. S., & McVary, K. T. (2009).The relationship between erectile dysfunction and cardiovascular disease. Urologic Clinics of North America, 36(2), 153-161. Disponibile su: https://doi.org/10.1016/j.ucl.2009.02.006

[32] Gupta, B. P., Murad, M. H., Clifton, M. M., Prokop, L., Nehra, A., & Kopecky, S. L. (2011).
The effect of lifestyle modification and cardiovascular risk factor reduction on erectile dysfunction: A systematic review and meta-analysis. Archives of Internal Medicine, 171(20), 1797-1803. Disponibile su: https://doi.org/10.1001/archinternmed.2011.440

sangue e favorendo una migliore perfusione dei tessuti, incluso il pene. Un miglior flusso sanguigno significa erezioni più forti e durature, poiché l'afflusso di sangue al pene è un elemento cruciale per ottenere e mantenere un'erezione.

Oltre a migliorare la circolazione, l'esercizio fisico aiuta a ridurre i livelli di stress, che è uno dei principali fattori che influenzano negativamente la funzione sessuale. Riducendo il cortisolo e aumentando le endorfine, l'attività fisica contribuisce a migliorare l'umore e a rafforzare il desiderio sessuale. Anche il miglioramento della forza e della resistenza fisica ha un effetto positivo sulla fiducia in se stessi, che è fondamentale per una vita sessuale appagante.

Esercizi specifici per migliorare la circolazione sanguigna

Per massimizzare i benefici dell'esercizio fisico sulla funzione sessuale, è utile includere nella routine quotidiana alcuni esercizi specifici che migliorano la circolazione sanguigna e rafforzano i muscoli coinvolti nell'erezione. Tra questi, gli esercizi aerobici come la corsa, il nuoto e il ciclismo (purché con le selle adatte) sono particolarmente efficaci nel promuovere la salute cardiovascolare e, di conseguenza, la funzione erettile.

Un altro gruppo di esercizi utili che però non sono alternativi a quelli aerobici sono quelli che coinvolgono il pavimento pelvico, comunemente noti come esercizi di Kegel. Questi esercizi rafforzano i muscoli del pavimento pelvico anteriore, che supportano l'erezione e il controllo dell'eiaculazione. Per eseguire un Kegel, è necessario contrarre i muscoli che si utilizzano per interrompere il flusso di urina, mantenendo la contrazione per 5-10 secondi e poi rilassandosi. Ripetendo questa sequenza 10-15 volte, per tre serie al giorno, si può ottenere un significativo miglioramento nella forza e nel controllo muscolare.

Gli esercizi di resistenza, come il sollevamento pesi, sono anch'essi importanti poiché aiutano a costruire massa muscolare e migliorano la produzione di testosterone, l'ormone chiave per il desiderio sessuale maschile.

Infine, lo stretching e lo yoga possono migliorare la flessibilità, ridurre lo stress e aumentare la consapevolezza corporea, tutti fattori che contribuiscono a una vita sessuale più gratificante. Posizioni come il ponte, la posizione del cobra e il guerriero possono aiutare a migliorare la circolazione e rafforzare il cuore, migliorando l'endurance durante i rapporti sessuali.

Preservare la motilità articolare

La motilità articolare, ovvero la capacità delle articolazioni di muoversi liberamente e senza dolore, gioca un ruolo cruciale non solo nella vita quotidiana, ma anche nella sfera della sessualità. La flessibilità e la salute articolare influenzano direttamente la qualità delle esperienze intime, permettendo movimenti agili e confortevoli che sono essenziali per mantenere una vita sessuale attiva e soddisfacente. Quando le articolazioni sono rigide o doloranti, l'attività sessuale può diventare scomoda o addirittura dolorosa, riducendo il desiderio e la frequenza degli incontri intimi. Inoltre, la fiducia in sé stessi e nel proprio corpo è strettamente legata alla libertà di movimento. Mantenere una buona motilità articolare attraverso l'esercizio fisico regolare, lo stretching e uno stile di vita sano non solo migliora la salute generale, ma preserva anche la vitalità sessuale, contribuendo a un benessere globale che si riflette in tutte le aree della vita.[33_34_35]

Per mantenerne la sua regolarità ci sono alcuni stili di vita che contribuiscono a conservarla ciascuno di questi va verificato con il proprio specialista e con il proprio medico di fiducia.

---

[33] Sallis, R. E., et al. Physical Activity and Joint Health. Current Sports Medicine Reports, 2019; 18(10), 376-380.

[34] Bliddal, et al. The anti-inflammatory effects of exercise: mechanisms and implications for the prevention and treatment of disease. Nature Reviews Rheumatology. 2014; 10(9), 527-536

[35] Anderson, J. J., et al
Factors associated with osteoarthritis of the knee in the first national Health and Nutrition Examination Survey (HANES I): evidence for an association with overweight, race, and physical demands of work. American Journal of Epidemiology, 2012; 128(1), 179-189.

Esercizio Fisico Regolare

Nella letteratura scientifica l'attività fisica è uno dei modi più efficaci per mantenere le articolazioni sane. Gli esercizi aerobici, come camminare, nuotare e andare in bicicletta(con la sella adatta), migliorano la circolazione sanguigna e mantengono le articolazioni lubrificate. Gli esercizi di forza, come il sollevamento pesi, aiutano a rafforzare i muscoli che supportano le articolazioni, riducendo così il rischio di lesioni. Anche lo stretching regolare è cruciale per preservare la flessibilità e prevenire la rigidità.

Mantenere un Peso Corporeo Sano

L'eccesso di peso mette sotto stress le articolazioni, in particolare quelle portanti come le ginocchia, i fianchi e la schiena. Mantenere un peso corporeo sano riduce la pressione sulle articolazioni, prevenendo l'usura e il deterioramento della cartilagine. Questo è fondamentale per ridurre il rischio di osteoartrite.

Alimentazione Equilibrata

Una dieta ricca di nutrienti supporta la salute delle articolazioni. Gli acidi grassi omega-3, presenti nel pesce grasso come il salmone, hanno proprietà antinfiammatorie che possono alleviare i sintomi articolari. Alimenti ricchi di calcio e vitamina D, come latticini e verdure a foglia verde, sono essenziali per mantenere ossa forti e prevenire l'osteoporosi, che può influenzare negativamente la mobilità articolare.

Evitare il Fumo e l'Alcol in Eccesso

Il fumo e l'eccessivo consumo di alcol possono compromettere la salute delle articolazioni. Il fumo riduce il flusso sanguigno alle articolazioni e danneggia la cartilagine, mentre l'alcol in eccesso può interferire con l'assorbimento di nutrienti essenziali per le ossa e le articolazioni.

Idratazione Adeguata

L'acqua è fondamentale per mantenere le articolazioni ben lubrificate. La cartilagine, che ammortizza le articolazioni, è composta principalmente da acqua. Una buona idratazione aiuta a mantenere la cartilagine in salute e riduce l'attrito tra le articolazioni.

Prevenzione degli Infortuni

Adottare misure preventive per evitare lesioni è cruciale. Utilizzare le tecniche corrette durante l'esercizio fisico, indossare scarpe adeguate e proteggere le articolazioni con l'equipaggiamento appropriato durante le attività sportive può ridurre il rischio di danni a lungo termine. Inoltre non va dimenticato che durante l'attività fisica bisogna bere adeguate quantità di acqua.

Routine di allenamento per ogni età

Attraverso un libro non si possono raccontare tutte le informazioni idonee per ogni singolo uomo che dovrà trovare il suo modello in funzione dell'età, del peso, delle condizioni generali e del suo stato di salute. In questo capitolo vorrei ribadire l'attività fisica viene considerata il primo "farmaco" naturale per la prevenzione e che la creazione di una routine di allenamento appropriata per ogni fase della vita è fondamentale per mantenere la salute sessuale. Naturalmente la scelta del protocollo e l'intensità dovranno essere concordati con il medico e con un adeguato preparatore. A grandi linee qui si può riferire quali sono le strategie in funzione dell'età. Durante la giovinezza e l'età adulta, alcuni protocolli si concentrano su una combinazione di esercizi aerobici, di resistenza e di flessibilità. Una tipica routine settimanale potrebbe includere:

• **3-4 giorni di esercizio aerobico** (come corsa o nuoto) per 30-45 minuti

• **2-3 giorni di allenamento con i pesi** concentrati su grandi gruppi muscolari

• **2 giorni di esercizi di Kegel** e stretching o yoga per migliorare la flessibilità e ridurre lo stress

Per gli uomini di età superiore ai 50 anni, la routine di allenamento dovrebbe essere adattata per tenere conto di eventuali limitazioni fisiche e per prevenire lesioni. L'attenzione dovrebbe spostarsi verso esercizi a basso impatto, come la camminata veloce, il nuoto o il ciclismo, combinati con esercizi di resistenza leggera e stretching quotidiano. Una routine equilibrata per questa fascia d'età potrebbe includere:

• **3-4 giorni di esercizio aerobico a basso impatto** per 30-40 minuti

• **2 giorni di esercizi di resistenza leggera** con pesi o bande elastiche

• **Esercizi di Kegel e stretching** giornalieri

Infine, per gli uomini di 70 anni e oltre, è importante concentrarsi su esercizi che mantengano la mobilità, l'equilibrio e la flessibilità. Il camminare regolarmente, lo yoga dolce e i semplici esercizi di resistenza, come alzarsi dalla sedia o salire le scale, possono aiutare a mantenere la forza e l'indipendenza, supportando al contempo una vita sessuale attiva.

Indipendentemente dall'età, la continuità nell'esercizio fisico è la chiave per mantenere una buona salute sessuale. Anche un livello moderato di attività fisica può fare una grande differenza, contribuendo a mantenere un cuore sano, una buona circolazione e una mente positiva, tutti fattori essenziali per una vita sessuale lunga e soddisfacente.

Capitolo 11

Gestione dello Stress e Benessere Sessuale

Il legame tra stress e disfunzione sessuale

Lo stress è un fattore potente che può influenzare negativamente la vita sessuale. Quando il corpo è sotto stress, produce alti livelli di cortisolo, l'ormone dello stress, che può interferire con la produzione di testosterone. Questo squilibrio ormonale può ridurre la libido e portare a difficoltà nell'ottenere o mantenere un'erezione. Inoltre, lo stress cronico può danneggiare i vasi sanguigni, riducendo il flusso sanguigno al pene, e può contribuire a problemi di disfunzione erettile.

Lo stress mentale ed emotivo può anche influire negativamente sulla percezione di sé e sulla relazione con il partner. Ansia, preoccupazioni e tensioni non risolte possono distrarre dall'intimità e ridurre la capacità di godere dei rapporti sessuali. Il risultato è un ciclo vizioso in cui lo stress porta a problemi sessuali, che a loro volta aumentano lo stress.

Tecniche di rilassamento e mindfulness

La gestione dello stress è essenziale per mantenere una buona salute sessuale. A tale proposito vorrei citare che alcuni autori suggeriscono diverse tecniche di rilassamento come la mindfulness che possono aiutare a ridurre il livello di stress e migliorare la funzione sessuale.

Farsi aiutare da uno specialista del settore, per trovare la tecnica adatta al proprio caso anche se non è decisivo come la salute cardiovascolare, può migliorare le prestazioni. La pratica della mindfulness, ad esempio che insegna a vivere il momento presente senza giudizio, si propone di ridurre l'ansia e migliorare la concentrazione durante i rapporti sessuali.

La respirazione profonda è un'altra tecnica efficace per ridurre lo stress. Praticare la respirazione diaframmatica per alcuni minuti al giorno può aiutare a ridurre i livelli di stress e promuovere un senso di calma. Anche lo yoga e la meditazione sono strumenti potenti per rilassare la mente e il corpo, migliorando così il benessere sessuale.

Inoltre, tecniche di rilassamento come il massaggio possono essere incorporate nelle routine quotidiane per ridurre lo stress. Un massaggio rilassante, soprattutto se fatto dal partner, può anche rafforzare l'intimità e migliorare la connessione emotiva.

Migliorare la vita sessuale attraverso la gestione dello stress

Gestire lo stress, da soli o con l'aiuto di uno specialista, non solo migliora la salute generale, ma può anche avere un impatto diretto sulla qualità della vita sessuale. Creare una routine quotidiana che includa momenti di relax e connessione con sé stessi è fondamentale. Ad esempio, dedicare del tempo ogni giorno a una passeggiata all'aria aperta, a una sessione di yoga o a una meditazione può aiutare a mantenere i livelli di stress sotto controllo.

È anche importante comunicare apertamente con il proprio partner riguardo allo stress. Parlare delle preoccupazioni e dei sentimenti può alleviare la tensione e creare una base di comprensione reciproca, che è essenziale per una vita sessuale sana e soddisfacente.

Infine, coltivare un ambiente intimo privo di distrazioni e stimoli stressanti, come la tecnologia, è fondamentale. Creare uno spazio sicuro e rilassante dove concentrarsi sull'intimità può migliorare l'esperienza sessuale e rafforzare il legame con il partner. La gestione dello stress è, in definitiva, un aspetto cruciale per mantenere una vita sessuale appagante e sostenibile nel tempo.

Capitolo 12

Abitudini di Vita e Loro Impatto sulla Sessualità

Il fumo, l'alcol e altre abitudini dannose

Le abitudini di vita, sia positive che negative, hanno un impatto significativo sulla salute sessuale. Tra le più dannose per la funzione sessuale maschile ci sono il fumo e il consumo eccessivo di alcol. Il fumo di sigaretta è uno dei principali fattori di rischio per la disfunzione erettile. La nicotina e altre sostanze chimiche presenti nel tabacco danneggiano i vasi sanguigni, riducendo il flusso di sangue al pene e ostacolando la capacità di ottenere e mantenere un'erezione. Inoltre, il fumo aumenta il rischio di aterosclerosi, una condizione che restringe e indurisce le arterie, compromettendo ulteriormente la circolazione sanguigna. È stato calcolato che una sigaretta riduce l'afflusso di sangue del pene del 30% per alcune ore. L'immagine stereotipata di Humphrey Bogart per le generazioni senior e di Bruce Willis per le generazioni Junior che strapazzano le donne fumando sigarette è fuorviante e non vera.

L'alcol, se consumato in eccesso, può anch'esso compromettere la funzione sessuale. Sebbene un consumo moderato possa avere effetti rilassanti e migliorare temporaneamente la libido, l'abuso di alcol può portare a problemi come la riduzione della sensibilità e della capacità di ottenere un'erezione. L'alcol ha anche un effetto depressivo sul sistema nervoso centrale, che può ridurre il desiderio sessuale e compromettere le prestazioni. Recentemente inoltre sono usciti numerosi articoli scientifici nei quali si consiglia e si ribadisce di eliminare del tutto l'uso dell'alcool per evitare patologie degenerative anche gravi.

Anche la caffeina svolge un ruolo negativo sul breve periodo perché determina una vasocostrizione. Se andate ad un incontro con una nuova partner e mentre aspettate che lei si "decida" vi fumate delle sigarette e bevete un caffè o bevande contenenti caffeina o teina avete un'alta probabilità di fare una clamorosa "cilecca" perché mettete insieme tre elementi che non favoriscono la rigidità: l'emozione del primo incontro, la nicotina della sigaretta e la caffeina. Ciascuno di questi elementi ha un peso diverso ma ognuno contribuisce e alla fine quello che conta per un uomo è il risultato non importa se senior o junior.

Altre abitudini dannose includono l'uso di droghe ricreative, che possono influenzare negativamente la funzione erettile e la salute sessuale in generale. Sostanze come la cocaina e le anfetamine possono causare vasocostrizione, riducendo il flusso sanguigno al pene, mentre altre droghe possono alterare la percezione e ridurre il piacere sessuale ma qui il discorso si fa molto più complesso ed esula dagli scopi di questo libro. A questo proposito rimando al capitolo "tossicologia, tossicodipendenza e Sessuologia che ho scritto 2020 nel libro Sessuologia Medica di Emmanuele Jannini, Andrea Lenzi Mario Maggi.

Cambiamenti di stile di vita per migliorare la salute sessuale

Per migliorare la salute sessuale, è essenziale apportare cambiamenti allo stile di vita che riducano i rischi e promuovano il benessere generale. Smettere di fumare è una delle azioni più importanti che un uomo può intraprendere per migliorare la sua funzione erettile e la salute cardiovascolare. I benefici dello smettere di fumare possono iniziare a manifestarsi già poche settimane dopo l'ultima sigaretta, con un miglioramento della circolazione e una riduzione del rischio di disfunzione erettile.

Anche la moderazione del consumo di alcol e se possibile la sua eliminazione totale è fondamentale per aiutare a mantenere una buona funzione sessuale. Allo stesso modo, evitare l'uso di droghe ricreative è cruciale per preservare la salute sessuale e prevenire problemi a lungo termine.

Inoltre, è importante promuovere un'attività fisica regolare, una dieta equilibrata e una gestione efficace dello stress. Questi cambiamenti non solo migliorano la salute sessuale, ma contribuiscono anche a un benessere complessivo, riducendo il rischio di malattie croniche e migliorando la qualità della vita.

Come costruire e mantenere abitudini sane

Costruire e mantenere abitudini sane richiede un approccio strategico e una forte motivazione personale. Il primo passo è identificare le abitudini dannose e stabilire obiettivi chiari e realistici per sostituirle con comportamenti più sani. Ad esempio, se il fumo è un problema, fissare una data per smettere e pianificare un programma di supporto. L'uso di sostituti della nicotina o la partecipazione a gruppi di supporto presso centri anti fumo, aumentano le possibilità di successo fino al 70%.

A questo proposito rimando a libri e trattati sull'argomento che meglio di me possono spiegare come diventare "smoke free".

La chiave per mantenere le nuove abitudini è la costanza. Creare una routine quotidiana che incorpori l'attività fisica, una dieta equilibrata e momenti di relax può aiutare a stabilizzare i nuovi comportamenti. Anche il monitoraggio dei progressi, come tenere un diario o utilizzare app per la salute, può essere utile per mantenere la motivazione.

È inoltre importante affrontare le ricadute con un atteggiamento positivo. Se si verificano battute d'arresto, è fondamentale non scoraggiarsi, ma piuttosto analizzare ciò che è andato storto e apportare le correzioni necessarie. Costruire abitudini sane è un processo continuo, che richiede pazienza e perseveranza, ma i benefici per la salute sessuale e generale rendono l'impegno altamente gratificante.

Capitolo 13

Disfunzione Erettile:
Prevenzione e Trattamento

Cos'è la disfunzione erettile (DE)?

La disfunzione erettile (DE) è definita come l'incapacità di raggiungere o mantenere un'erezione sufficiente valida per consentire un rapporto sessuale soddisfacente.[36] Questo disturbo può manifestarsi in modo episodico o continuo e può avere un impatto significativo sulla qualità della vita dell'uomo, influenzando l'autostima, le relazioni di coppia e il benessere generale.

Sebbene la DE sia più comune con l'avanzare dell'età, non è una parte inevitabile dell'invecchiamento. Essa può colpire uomini di tutte le età e può essere indicativa di altre condizioni mediche sottostanti, come problemi cardiovascolari o diabete. La DE è un segnale che il sistema circolatorio, nervoso o endocrino potrebbe non funzionare correttamente, e può richiedere una valutazione medica approfondita.

---

[36] NIH Consensus Development Panel on Impotence 1993 JAMA Vol 270, 83

Scopri sei hai la disfunzione erettile. Fai il test TEST

Test per la diagnosi di disfunzione erettile IIEF 5 International Index of Erectile Function[37] , versione a 5 domande

1. Negli ultimi sei mesi come è stata la sua capacità di raggiungere e mantenere l'erezione?

[0] Praticamente inesistente

[1] Molto bassa [2]bassa

[3] Moderata

[4] Alta

[5] Molto alta

2. Negli ultimi sei mesi dopo la stimolazione sessuale quanto spesso hai raggiunto un'erezione sufficiente alla penetrazione?

[0] Non ho avuto alcuna attività sessuale

[1] Quasi mai o mai

[2] Poche volte (molto meno della metà delle volte)

[3] Qualche volta (circa la metà delle volte)

[4] La maggior parte delle volte (più della metà delle volte)

[5] Quasi sempre o sempre

3. Negli ultimi sei mesi durante il rapporto sessuale quanto spesso è riuscito a mantenere l'erezione dopo la penetrazione?

[0] Non ho tentato di avere rapporti sessuali

[1] Quasi mai o mai

[2] Poche volte (molto meno della metà delle volte)

[3] Qualche volta (circa la metà delle volte)

[4] La maggior parte delle volte (più della metà delle volte)

[5] Quasi sempre o sempre

---

[37] Rosen R.C. et al. Development and evaluation of an abridged, 5-item version of the International Index of Erectile Function (IIEF-5) as a diagnostic tool for erectile dysfunction. Int J Impot Res 1999 Dec;11(6):319-26.

4. Negli ultimi sei mesi durante il rapporto sessuale quanto è stato difficile mantenere l'erezione fino alla fine del rapporto?

[0] Non ho tentato di avere rapporti sessuali

[1] Estremamente difficile

[2] Molto difficile

[3] Difficile

[4] Abbastanza difficile

[5] Facile

5. Negli ultimi sei mesi quando ha avuto un rapporto sessuale quanto spesso ha provato piacere?

[0] Non ho tentato di avere rapporti sessuali

[1] Quasi mai o mai

[2] Poche volte (molto meno della metà delle volte)

[3] Qualche volta (circa la metà delle volte)

[4] La maggior parte delle volte (più della metà delle volte)

[5] Quasi sempre o sempre

Sommando i punteggi ottenuti (indicati a fianco della risposta scelta), si ottiene il risultato finale. Da 22 a 25 l'attività sessuale è da considerarsi normale.

Da 17 a 21 siamo in presenza di disfunzione erettiva lieve.
Da 12 a 16 si manifesta una disfunzione erettile lieve-moderata.
Da 8 a 11 si tratta di una disfunzione erettile moderata.
Da 5 a 7 siamo in presenza di una grave disfunzione erettile

Cause comuni della Disfunzione Erettile

Le cause della disfunzione erettile possono essere suddivise in tre principali categorie: fisiche, psicologiche e legate a fattori di stile di vita.

Cause fisiche:

• **Malattie cardiovascolari**: Una delle cause più comuni di DE è il restringimento o l'indurimento delle arterie (aterosclerosi), che limita il flusso sanguigno al pene.

• **Diabete**: Questa condizione può danneggiare i nervi e i vasi sanguigni, influenzando negativamente la capacità di ottenere un'erezione.

• **Ipogonadismo**: Livelli ridotti di testosterone possono causare una riduzione della libido e influire sulla funzione erettile.

• **Disturbi neurologici**: Condizioni come la sclerosi multipla, la lesione del midollo spinale e altre malattie neurologiche possono interferire con i segnali nervosi necessari per l'erezione.

• **Problemi alla prostata**: L'intervento chirurgico per il cancro alla prostata può causare DE a causa di danni ai nervi o ai vasi sanguigni che decorrono adiacenti alla prostata e che possono danneggiarsi per l'asportazione radicale del cancro

Cause psicologiche:

• **Ansia da prestazione**: La preoccupazione per le prestazioni sessuali può innescare un ciclo di insicurezza che porta alla DE.

• **Depressione**: I disturbi dell'umore possono ridurre il desiderio sessuale e influire negativamente sulla funzione erettile.

• **Stress e problemi relazionali**: Le tensioni nella relazione o lo stress cronico possono interferire con la capacità di rilassarsi e godere del rapporto sessuale.

Fattori di stile di vita:

• **Fumo**: Il fumo di sigaretta danneggia i vasi sanguigni e riduce il flusso di sangue al pene, aumentando il rischio di DE.

• **Alcol e droghe**: L'abuso di alcol e droghe può compromettere la capacità di ottenere un'erezione.

• **Obesità**: L'eccesso di peso è associato a una serie di condizioni che possono causare DE, come il diabete e l'ipertensione.

• **Sedentarietà**: La mancanza di attività fisica può contribuire a problemi circolatori e ridurre la funzione erettile.

Capitolo 14

Induratio Penis o Malattia di La Peyronie

L'induratio penis plastica, o malattia di La Peyronie, è una condizione caratterizzata dalla formazione di tessuto cicatriziale fibroso all'interno del pene dovuto a traumi durante il coito in persone predisposte.

Questa malattia è caratterizzata dalla presenza di alcuni noduli palpabili dentro il pene, dalla disfunzione erettile o "impotentia erigendi" per impossibilità ad avere una rigidità sufficiente per la penetrazione, dall'accorciamento della lunghezza del pene, dalla curvatura dell'asse del pene in erezione e da una deformità del profilo del pene. La deviazione in alcuni casi può raggiungere anche i 90 gradi determinando l'impossibilità alla penetrazione per una incongruità meccanica tra canale vaginale e asse del pene storto che non può più entrare in vagina chiamata anche "impotentia coeundi". In altri casi a causa del raccorciamento del pene o per la sua deviazione si può avere l'impossibilità a praticare alcune posizioni prima praticate senza problemi. È in portante precisare che non si tratta di una malattia infettiva ma la conseguenza in persone predisposte di traumi del pene che "non trova la strada" della vagina e va a sbattere contro l'osso ischiatico o il pube della donna. Il trauma determina una infiammazione che produce una cicatrice e la formazione di placche palpabili come noduli all'interno del pene.

Alle volte il paziente si sveglia al mattino e nota l'improvviso cambiamento del proprio pene altre volte la formazione di questi noduli è la conseguenza di un trauma durante il coito che guarisce con la formazione di una cicatrice che si manifesta con la formazione di questi noduli percepibili attraverso la palpazione del pene in uno stato di flaccidità.

Oltre a questi sintomi fisici che si riflettono sulla efficienza sessuale la malattia può determinare grande disagio psicologico sia per la ridotta efficienza sessuale sia per la percezione di qualcosa di "brutto" nel proprio pene. Non è infrequente trovare associati ai sintomi fisici ansia, depressione perdita dell'autostima con tutto quello che ne consegue.

La malattia è poco conosciuta dal grande pubblico, ma colpisce, secondo una mia ricerca, il 7% della popolazione maschile tra i 50 ed i 69[38] anni pari ad una stima di circa ad 1 milione di uomini solo in Italia. In questo mio studio ho messo in evidenza che andando avanti con l'età la frequenza nella popolazione aumenta significativamente perciò dopo i 70 anni è molto frequente trovare questi noduli nel pene ed una deviazione dell'asse del pene in erezione.

Ovviamente non tutti i sintomi sono presenti contemporaneamente in ogni singolo caso per questo motivo il consulto con un andrologo è decisivo per capire quale sia la terapia migliore in relazione alla presentazione clinica del caso, come praticare sesso con le funzioni residue e come non fare peggiorare la situazione.

---

[38] La Pera G. et al. Peyronie's disease: Prevalence and association with cigarette smoking. A multicenter population based study in men aged 50 -69 years Eur. Urol. 2001 Nov 40(5) 525-30

Capitolo 15

Eiaculazione precoce

Sebbene la nozione di eiaculazione precoce sia abbastanza condivisa non tutti gli uomini sanno che la durata del rapporto sessuale è determinata dall'uomo che può far durare il rapporto sessuale ore. Dal punto di vista scientifico la definizione fa ricadere la durata di un rapporto sessuale in circa 1-2 minuti, ma da un punto di vista pratico quello che conta è il totale controllo del riflesso eiaculatorio per mezzo della contrazione del pavimento pelvico[39]-[40]-[41]-[42]. Non sapere che si può decidere il momento dell'orgasmo è spesso è associata. all'eiaculazione precoce

Fai il test per vedere se sei affetto da eiaculazione precoce

Test PDET[43] https://www.giuseppelapera.it/test-eiaculazione-precoce/

Il questionario è stato standardizzato nella ricerca pubblicata per una eiaculazione che avviene dopo la penetrazione in vagina.

---

[39] La Pera G. et al. A new treatment for premature ejaculation: the rehabilitation of pelvic floor. J Sex and Marital Ther 1996 Spring;22(1):22-6

[40] Pastore A. Pelvic floor rehabilitation as therapeutic option in life long premature ejaculation long terms outcomes Asian J. of Androl. 2018 Nov-Dec;20(6):572-575

[41] La Pera G. Awareness of the role of the pelvic floor muscles in controlling the ejaculatory reflex: preliminary results. Arch. Ital. Urol. Androl. 2012 Jun;84(2):74-8

[42] La Pera G. Awareness and timing of pelvic floor muscle contraction, pelvic exercises, and rehabilitation of pelvic floor in lifelong premature ejaculation: 5 years' experience. Arch. Ital. Urol. Androl. 2014 Jun 30;86(2):123-5

[43] Symonds T. et al. Development and validation of a premature ejaculation diagnostic tool. Eur Urol 2007 Aug; 52(2):565-73

1. Quanto è difficile per lei controllare l'eiaculazione?
[0] Non è per niente difficile
[1] Lievemente difficile
[2] Moderatamente difficile
[3] Molto difficile
[4] Estremamente difficile

2. Le capita di eiaculare prima di quando vuole?
[0] Mai o quasi mai (0%)
[1] Meno della metà delle volte (25%)
[2] Circa la metà delle volte (50%)
[3] Più della metà delle volte (75%)
[4] Quasi sempre o sempre (100%)

3. Le capita di eiaculare anche dopo una minima stimolazione sessuale?
[0] Mai o quasi mai (0%)
[1] Meno della metà delle volte (25%)
[2] Circa la metà delle volte (50%)
[3] Più della metà delle volte (75%)
[4] Quasi sempre o sempre (100%)

4. Si sente dispiaciuto per il fatto di eiaculare prima di quando lei voglia?
[0] No, per niente
[1] Lievemente
[2] Moderatamente
[3] Molto
[4] Estremamente

5. È preoccupato che il tempo tipicamente necessario a raggiungere l'eiaculazione lasci la sua partner sessualmente insoddisfatta?
[0] No, per niente
[1] Levemente
[2] Moderatamente
[3] Molto
[4] Estremamente

Punteggi se avete totalizzato

Con 8 o meno di 8 è poco probabile che abbiate l'eiaculazione precoce.

9- 10 è possibile che abbiate l'eiaculazione precoce e va valutato caso per caso con il vostro medico.

Uguale o maggiore 11 è molto probabile che abbiate l'eiaculazione precoce

Se siete affetti da eiaculazione precoce le terapie possibili sono:
1 - Anestetici locali come EMLA o Fortacin
2 - Dapoxetina farmaco per os che va assunto circa 2 ore prima del rapporto
3 - Riabilitazione del pavimento pelvico

Se è anche presente una disfunzione erettile questa va trattata prima di curare l'eiaculazione precoce

Nel caso in cui siete affetti da eiaculazione precoce in età avanzata non vi dovete porre il problema di come far durare più a lungo il rapporto bensì come stabilire una intimità, una connessione ed una comunicazione con la vostra partner. Molto spesso la vostra partner ha deciso, molti anni prima scegliendovi tra tanti uomini, che il vostro profilo sessuale con la precocità per lei andava bene molto. La possibilità di recuperare una intimità è un obbiettivo molto importante ma al tempo stesso una sfida perché dopo una certa età si preferisce evitare il sesso vuoi per l'ignoranza sull'argomento di entrambi i partner, vuoi perché invecchiando molte donne non sono interessate più al sesso o vuoi perché non lo sono mai state e colgono la scusa della menopausa o dell'invecchiamento per non "sottoporsi" a una pratica frustrante.

Con l'aiuto di uno psico-sessuologo alle volte questa dimensione può essere recuperata al fine di ristabilire quella intimità tra due persone senior che possono regalarsi un valore molto importante del vivere insieme.

Capitolo 16

Strategie di prevenzione e trattamenti disponibili per la disfunzione erettile

La prevenzione della disfunzione erettile richiede un approccio ampio a 360 gradi che integri cambiamenti nello stile di vita, una gestione attiva della salute e, se necessario, interventi medici.

Prevenzione attraverso lo stile di vita:

• **Alimentazione sana**: Una dieta ricca di frutta, verdura, cereali integrali e grassi sani, come quelli contenuti nell'olio d'oliva e nelle noci, può migliorare la salute cardiovascolare e ridurre il rischio di DE.

• **Attività fisica regolare**: L'esercizio aerobico migliora la circolazione sanguigna e aiuta a mantenere il peso corporeo ideale. Anche l'allenamento della forza è importante per mantenere livelli ottimali di testosterone. Altro punto di forza per mantenere l'attività sessuale e l'allenamento del pavimento pelvico

• **Evitare i traumi del pene**. Quando un uomo è molto eccitato può capitare di "spingere" con molta energia sulla partner che sta sotto. Se durante "i colpi" del coito può andare in contro a un trauma causando una cicatrice che può portare alla malattia di La Peyronie. Per tale ragione è importante lubrificare sempre la vagina, e praticare tutte le posizioni del sesso in particolare la cosiddetta "pecorina" o il cosiddetto "smorza candele" dove la donna sta sopra o il "reverse cow" con molta prudenza ed adeguata velocità soprattutto per coloro che hanno già la malattia di La Peyronie.

• **Evitare il fumo e limitare l'alcol**: Smettere di fumare e moderare il consumo di alcol o eliminarlo del tutto sono passi fondamentali per prevenire la DE.

• **Gestione dello stress**: Tecniche di rilassamento, come la meditazione e lo yoga, possono ridurre l'ansia e migliorare la funzione sessuale.

Trattamenti farmacologici:

• **Inibitori della fosfodiesterasi di tipo 5 (PDE5)**: Farmaci come il sildenafil, il tadalafil, il vardenafil e l'avanafil sono comunemente prescritti per migliorare la funzione erettile aumentando il flusso sanguigno al pene. Questi farmaci sono generalmente efficaci, ma devono essere utilizzati sotto supervisione medica. Giova qui ricordare che una delle controindicazioni assolute di questi farmaci è l'uso contemporaneo dei cosiddetti Nitrati che servono per dilatare le arterie del cuore.

• **Terapia ormonale**: In alcuni casi, la DE è causata da bassi livelli di testosterone. La terapia sostitutiva con testosterone può essere indicata, ma deve essere valutata attentamente dal medico per bilanciare i benefici con i potenziali rischi sia sul cuore che sulla prostata.

• **Iniezioni intracavernose**: Iniezioni di farmaci vasodilatatori direttamente nel pene possono aiutare a ottenere un'erezione in uomini che non rispondono ai trattamenti orali. In genere questa percentuale è del 20-30%

Ciascuno di questi farmaci va preso sotto il consiglio e super visione di un medico esperto che fornirà anche le istruzioni per l'assunzione

Trattamenti non farmacologici:

• **Terapie psicologiche**: La consulenza sessuale o la terapia di coppia possono essere utili per affrontare le cause psicologiche della DE. La terapia cognitivo-comportamentale (CBT) è particolarmente efficace per gestire l'ansia da prestazione.

• **Dispositivi con vacum**: Questi dispositivi creano un vuoto attorno al pene, provocando l'afflusso di sangue e facilitando l'erezione. Dopo aver ottenuto l'erezione, un anello viene posizionato alla base del pene per mantenere l'erezione durante il rapporto sessuale. Questo dispositivo può essere utile come terapia complementare in molte situazioni cliniche.

La terapia chirurgica:

• **Impianti penieni**: Nei casi più gravi e refrattari ad altri trattamenti, gli impianti penieni rappresentano una soluzione chirurgica definitiva. Questi dispositivi possono essere gonfiabili o semirigidi e consentono di ottenere una rigidità che consente la penetrazione. L'intervento va riservato a quegli uomini senior nei quali i farmaci per bocca e le iniezioni di prostaglandina o simili non son efficaci. In media costituiscono dal 2 al 5% della popolazione di uomini con disfunzione erettile.

Trattamenti innovativi e sperimentali:

• **Terapia a onde d'urto a bassa intensità**: Questa terapia non invasiva utilizza onde d'urto per migliorare la vascolarizzazione del pene e promuovere la rigenerazione dei tessuti.

• **Terapia con cellule staminali e PRP (Plasma Ricco di Piastrine)**: Queste terapie rigenerative sono in fase di studio e potrebbero rappresentare il futuro della cura della DE, promuovendo la riparazione dei tessuti danneggiati ma ancora non sono uscite definitivamente dalla fase sperimentale

In conclusione, la disfunzione erettile è una condizione quasi sempre trattabile e risolvibile ma che non deve essere ignorata perché può essere il primo segno di malattie importanti. Con un approccio integrato che combina prevenzione, trattamenti medici e supporto psicologico, è possibile migliorare significativamente la funzione erettile e la qualità della vita sessuale. È fondamentale parlare apertamente con il proprio medico per trovare il percorso di trattamento più adatto e garantire una salute sessuale ottimale a lungo termine. Se ormai con tutte le varie terapie la disfunzione erettile è quasi sempre curabile va ricordato un aspetto fondamentale quando si invecchia che l'erezione non è la sessualità, e non coincide con la salute sessuale. Ci sono gli aspetti della relazione e della comunicazione e della connessione con il partner che invecchiando assumono maggior valore rispetto ad un uomo giovane. È perciò necessario affrontare tutte le varie sfaccettatura del sesso integrando gli aspetti medici di salute di efficienza erettiva ma anche di relazione con la partner di comunicazione e di benessere. A volte il lavoro di squadra tra Andrologo e sessuologo può portare alla soluzione vincente.

Parte V

Problemi comuni della funzione sessuale invecchiando

Capitolo 17

L'importanza dell'orgasmo, non solo la penetrazione

Esplorare altre forme di piacere sessuale

La sessualità è un'esperienza ricca e complessa che va oltre il semplice atto della penetrazione. Spesso, l'attenzione eccessiva sulla penetrazione può limitare la comprensione e l'esperienza del piacere sessuale, trascurando le molte altre forme di intimità e soddisfazione che possono essere raggiunte soprattutto per Senior. La penetrazione, sebbene sia una parte importante della sessualità, non deve essere vista come l'unico obiettivo. Esplorare altre forme di piacere può arricchire la vita sessuale e aumentare il senso di connessione con il partner.

Alcune alternative alla penetrazione includono:

• **Stimolazione manuale**: Il tocco delle mani può essere un potente strumento di piacere. Accarezzare e massaggiare le zone erogene, come il collo, le orecchie, l'interno delle cosce e il basso addome, può intensificare l'intimità e portare a un orgasmo profondo e soddisfacente.

• **Stimolazione orale**: Il sesso orale è un'altra forma di espressione sessuale che può essere altrettanto, se non più, soddisfacente della penetrazione. Consente una connessione intima e personale, offrendo al partner la possibilità di sperimentare piacere in modo diverso.

• **Masturbazione reciproca**: Questo atto può essere una forma potente di connessione e può offrire una comprensione più profonda dei desideri e dei ritmi reciproci. È un modo di esplorare il piacere senza le pressioni della penetrazione.

• **Giochi erotici**: L'uso di giochi e fantasie erotiche che vuol dire verbalizzare situazioni erotiche trasgressive può stimolare l'immaginazione e migliorare l'esperienza sessuale. Questi giochi possono includere l'uso di giocattoli sessuali, o la pratica di scambi di ruolo.

Tecniche per il piacere reciproco

Il piacere reciproco è fondamentale per una vita sessuale appagante. Significa che entrambi i partner partecipano attivamente alla creazione di un'esperienza sessuale gratificante, prestando attenzione ai bisogni e ai desideri reciproci. Alcune tecniche per migliorare il piacere reciproco includono:

• **Comunicazione aperta**: La comunicazione è la chiave per comprendere cosa piace al partner. Parlare apertamente delle preferenze, delle fantasie e dei limiti aiuta a creare un ambiente di fiducia e a ridurre le inibizioni. A questo proposito giova ricordare che il sesso è soprattutto comunicazione.

• **Sincronizzazione del ritmo**: Prestare attenzione al ritmo e al tempo del partner può migliorare l'esperienza sessuale. Che si tratti di baci, carezze o movimenti ritmici, sincronizzarsi con il partner può aumentare l'intensità del piacere.

• **Lunghezza e profondità del tocco**: Variare la pressione e la profondità delle carezze può portare a una maggiore sensibilità e intensità. Ad esempio, alternare tocchi leggeri e profondi o variare la velocità può creare una risposta più profonda e piacevole.

• **Esplorazione sensoriale**: L'uso di elementi come oli, piume, o ghiaccio può stimolare i sensi in modi nuovi e inaspettati, creando un'esperienza multisensoriale che va oltre la penetrazione.

Capitolo 18

Eiaculazione Ritardata e Mancanza di Orgasmo Maschile

Cos'è l'eiaculazione ritardata?

L'eiaculazione ritardata è una condizione in cui un uomo sperimenta difficoltà nel raggiungere l'eiaculazione, nonostante una stimolazione sessuale adeguata e prolungata. A differenza dell'eiaculazione precoce, che si verifica troppo rapidamente, l'eiaculazione ritardata può richiedere 30 minuti o più di stimolazione per raggiungere l'orgasmo, e in alcuni casi l'eiaculazione non avviene affatto. Questa condizione può essere frustrante e causare stress sia per l'uomo che per il partner, influenzando negativamente la vita sessuale e relazionale.

L'eiaculazione ritardata può essere classificata in due categorie principali:

• **Primaria**: Se l'uomo ha sempre avuto difficoltà a eiaculare.

• **Secondaria**: Se il problema si sviluppa in una fase successiva della vita, dopo un periodo di normale funzione sessuale.

Cause della mancanza di orgasmo maschile

Le cause della mancanza di orgasmo maschile e dell'eiaculazione ritardata possono essere complesse e variano da individuo a individuo. Possono includere:

Cause fisiche

• **Condizioni mediche**: Malattie come il diabete, i disturbi neurologici, le lesioni spinali e l'ipotiroidismo possono interferire con la funzione nervosa e muscolare necessaria per l'eiaculazione.

• **Farmaci**: Alcuni farmaci, in particolare gli antidepressivi (come gli SSRI), possono causare eiaculazione ritardata o anorgasmia (assenza di orgasmo). Anche farmaci per la pressione alta e antipsicotici e quelli per l'ipertrofia prostatica benigna possono avere effetti simili.

• **Chirurgia**: Gli interventi chirurgici sulla prostata o sulla vescica possono danneggiare i nervi coinvolti nell'eiaculazione.

Cause psicologiche

• **Ansia e stress**: Le preoccupazioni relative alle prestazioni sessuali o altri fattori di stress possono ostacolare il rilassamento necessario per l'orgasmo.

• **Problemi relazionali**: Tensioni o insoddisfazioni nella relazione possono ridurre l'intimità e la capacità di raggiungere l'orgasmo.

• **Trauma sessuale**: Esperienze traumatiche passate possono influire negativamente sulla funzione sessuale.

Fattori legati allo stile di vita

• **Abuso di alcol o droghe**: L'uso eccessivo di alcol o sostanze stupefacenti può compromettere la funzione sessuale.

• **Fatica e mancanza di sonno**: La stanchezza cronica può ridurre la capacità di concentrarsi e godere dell'attività sessuale.

Mancanza di Orgasmo che fare? Smettere?

Più che l'età probabilmente il vero limite ad una attività sessuale fino a tarda età per un uomo potrebbe essere la mancanza di orgasmo maschile che andando avanti con l'età diventa sempre più frequente per dei fattori fisiopatologici come la riduzione della sensibilità del glande, l'intervento per carcinoma della prostata o dei farmaci per l'ipertrofia prostatica benigna come ad esempio ma non esclusivamente i cosiddetti farmaci alfa litici che sono molti utili per migliorare il getto urinario, ridurre il numero delle minzioni notturne e l'urgenza di correre al bagno con umilianti e fastidiose perdite di urina.

Sebbene sia apparentemente logico che la mancanza della "ricompensa" dell'orgasmo sia un ostacolo alla continuazione della attività sessuale, vedi il detto troppa fatica per niente, la mia esperienza professionale ormai basata su oltre 40.000 uomini mi ha fatto cambiare idea.

Nella mia esperienza non è stato infrequente incontrare uomini over 80 ai quali ho chiesto come mai volete fare sesso se poi durante attività sessuale non riuscite a raggiungere l'orgasmo? Che vantaggio c'è ad avere un pene duro se poi non c'è il piacere?

Molti di loro mi hanno invece insegnato che la ricerca di una intimità fisica anche senza orgasmo che potesse portare alla tenerezza e alla felicità era la ricompensa maggiore. Non solo ma quando a seguito delle sue attenzioni la partner riusciva ad avere l'orgasmo, questo, era motivo di riconoscenza verso il proprio amore per il riconoscimento del proprio ruolo. Perciò anche se può sembrare controintuitivo, quando l'orizzonte temporale della propria vita inizia inesorabilmente ad avvicinarsi, avere questi momenti di complicità allontana dal proprio immaginario il limite del "traguardo" e fa sentire vivo un uomo.

Purtroppo, tutto questo nei media e nel cinema viene completamente scotomizzato e l'attività sessualità tra "vecchi" è derisa nel migliore dei casi, denigrata molto spesso mentre invece contiene molta più poesia di quell'attività sessuale tra alcuni giovani performanti con una visione utilitaristica del sesso dove l'obbiettivo è solo la penetrazione e non l'intimità.

Ho perciò imparato grazie alla testimonianza di moltissimi uomini che se un uomo over 80 mi chiede di poter avere delle erezioni non va rassicurato con una pacca sulla spalla e aiutato ad accettare la sua condizione di "vecchio" per prepararsi a morire ma va invece studiato da un punto di vista medico per trovare tra le pieghe del suo fascicolo sanitario delle soluzioni compatibili con il suo stato di salute senza correre rischi importanti: il mio motto è cercare che cosa funziona ancora e può essere valorizzato e non che cosa si è rotto.

Questa mia filosofia nasce dalla mia storia, dalla mia professione e dai tanti pazienti che mi hanno permesso di capire come rendere meno difficile la vita.

Una eredità che vorrei lasciare ai giovani andrologi che si affacciano oggi a trattare questa umanità varia.

Per molti uomini, ovviamente non per tutti, fino a quando non arriva il momento di vivere con una bombola di ossigeno in un letto di ospedale, il desiderio sessuale è un inesauribile inno alla vita.
In una delle iscrizioni funerarie ritrovata nella villa di Ercolano attribuita a Lucio Calpurnio si riporta che ci fosse scritto: "qui giace un commerciante che visse fino all'età di 102 anni grazie all'anelito delle giovani fanciulle".
Come si chiamasse questo commerciante non lo ricordo e appresi questo epitaffio durante una lezione di Andrologia tenuta da uno dei maestri dell'Andrologia Italiana il professor Aldo Isidori forse il primo Ordinario di Andrologia in tutta Italia forse nel mondo.
A posteriori nonostante numerose ricerche per risalire alla fonte non avendo trovato la testimonianza per un doveroso "fact checking" mi sono convinto che la descrizione derivi da aneddoti o storie che riflettono l'umorismo e la cultura dell'epoca, piuttosto che da un vero epitaffio che citava questa iscrizione.

Certo si può immaginare ed ironizzare sul significato di "commerciante" e sul significato delle "giovani fanciulle" ma chi ha scritto quell'epitaffio aveva capito molto meglio di me e con largo anticipo rispetto ai tempi il senso dell'attività sessuale in tardissima età. Penso che a breve farò un viaggio ad Ercolano per cercare di scoprire questa lezione di vita imparata insieme a tanti altri insegnamenti da un grande dell'Androloga Italiana.

Prevenzione e strategie di trattamento

Il trattamento dell'eiaculazione ritardata e della mancanza di orgasmo maschile dipende dalle cause sottostanti e può coinvolgere una combinazione di approcci medici, psicologici e comportamentali.

Modifiche allo stile di vita

• **Riduzione dell'uso di alcol e droghe**: Limitare o eliminare queste sostanze può migliorare la funzione sessuale.

• **Esercizio fisico regolare**: L'attività fisica migliora la circolazione sanguigna e riduce lo stress, entrambi essenziali per una buona funzione sessuale.

• **Migliorare la qualità del sonno**: Garantire un riposo adeguato può aumentare l'energia e la concentrazione durante il sesso.

Terapie mediche

• **Revisione dei farmaci**: Se l'eiaculazione ritardata è causata da farmaci, il medico potrebbe suggerire un cambio di prescrizione o un dosaggio diverso.

• **Terapia ormonale**: Se la causa è un basso livello di testosterone, la terapia sostitutiva potrebbe essere indicata.

• **Trattamento medico della eiaculazione ritardata**: il trattamento medico della ER è trattamento che va fatto sotto consiglio di uno specialista perché richiede l'uso di farmaci non sempre efficaci e talvolta somministrati al di fuori delle indicazioni terapeutiche per le quali sono stati messi in commercio

Trattamenti psicologici e comportamentali

• **Terapia cognitivo-comportamentale (CBT)**: Questa terapia può aiutare a ridurre l'ansia e a modificare i pensieri negativi che contribuiscono alla mancanza di orgasmo.

• **Tecniche di rilassamento**: Esercizi di respirazione profonda e mindfulness possono aiutare a ridurre la tensione e migliorare la concentrazione durante l'attività sessuale.

• **Terapia sessuale**: Un terapeuta sessuale può lavorare con l'uomo (e il partner, se necessario) per esplorare eventuali blocchi emotivi o problemi relazionali che contribuiscono al problema.

Riabilitazione del pavimento pelvico

Sebbene non ci siano studi randomizzati su questa tecnica e l'eiaculazione ritardata nella mia pratica clinica ho osservato alcuni incoraggianti risultati. Nonostante la riabilitazione del pavimento pelvico sia poco invasiva e molto semplice da realizzare queste osservazioni non sono sufficienti per introdurre la riabilitazione del pavimento pelvico nella terapia routinaria della eiaculazione ritardata.

Modifiche alla stimolazione sessuale

• **Varietà nelle tecniche di stimolazione**: Cambiare le modalità di stimolazione sessuale o esplorare nuove fantasie può essere utile.

• **Masturbazione consapevole**: Imparare a riconoscere e amplificare le sensazioni durante la masturbazione può aiutare a trasferire questa consapevolezza ai rapporti sessuali.

Arrendersi se manca l'orgasmo anche con la masturbazione?

Quando un uomo sperimenta difficoltà nel raggiungere l'orgasmo anche durante la masturbazione, la frustrazione può diventare profonda, portando alla tentazione di arrendersi ed "appendere le palle al chiodo". Tuttavia, è importante non considerare la mancanza di orgasmo come una condizione irreversibile. Piuttosto che arrendersi, è fondamentale adottare un approccio proattivo.

• **Consultare un medico**: Se l'eiaculazione ritardata o la mancanza di orgasmo persiste, è essenziale consultare un medico per escludere cause mediche sottostanti e valutare possibili trattamenti.

• **Esplorare le cause emotive**: Se i problemi fisici sono stati esclusi, è importante esplorare le possibili cause emotive e psicologiche con un terapeuta sessuale o uno psicologo. La terapia può aiutare a sbloccare eventuali ostacoli psicologici e migliorare la risposta sessuale.

• **Sperimentare con la stimolazione**: A volte, cambiare le tecniche di stimolazione o esplorare nuove fantasie sessuali può aiutare a rompere il ciclo della frustrazione. Non escludere poi la verbalizzazione di alcune fantasie sessuali e di alcune situazioni trasgressive. La pazienza e la pratica sono cruciali per sviluppare una maggiore consapevolezza corporea e sessuale.

• **Adottare una mentalità positiva**: La chiave è mantenere una mentalità positiva e resiliente. Anche se la mancanza di orgasmo può sembrare insormontabile, lavorare su se stessi e cercare aiuto può portare a progressi significativi nel tempo. Arrendersi non è mai l'unica opzione; piuttosto, è possibile trovare modi per migliorare la propria esperienza sessuale e il benessere complessivo.

In sintesi, la mancanza di orgasmo maschile e l'eiaculazione ritardata sono condizioni che, sebbene difficili, possono essere affrontate con successo attraverso un approccio olistico e proattivo. La combinazione di supporto medico, psicologico e personale può fare una differenza significativa, migliorando la qualità della vita sessuale e restituendo fiducia e serenità.

Capitolo 19

Fare sesso con le limitazioni del corpo

Adattare la sessualità ai cambiamenti fisici

Con l'avanzare dell'età, il corpo subisce cambiamenti che possono influenzare la vita sessuale. Questi cambiamenti, tuttavia, non devono necessariamente segnare la fine della sessualità, ma piuttosto richiedono un adattamento per continuare a vivere esperienze intime gratificanti. Tra i cambiamenti più comuni vi sono la riduzione della flessibilità, la perdita di massa muscolare, l'aumento della rigidità articolare e le variazioni ormonali che possono influenzare la libido e la funzione erettile.

Adattare la sessualità ai cambiamenti fisici significa riconoscere e accettare queste trasformazioni, trovando nuove modalità per esprimere intimità e piacere. Ad esempio, gli uomini "avanti con l'età" potrebbero scoprire che la penetrazione non è più l'unico o il principale atto sessuale soddisfacente. Tecniche di stimolazione manuale, orale e l'uso di giocattoli sessuali possono essere esplorate come alternative che offrono piacere senza necessitare di erezioni complete o prolungate. Inoltre, un approccio più lento e consapevole all'intimità può aumentare il piacere e ridurre la pressione per «performare».

È importante anche considerare la tempistica. Alcuni uomini senior andando avanti con l'età possono scoprire che il loro desiderio sessuale è più forte in certi momenti della giornata. Ad esempio, se le energie sono maggiori al mattino, potrebbe essere utile programmare i momenti di intimità in questo periodo. Infine, mantenere una comunicazione aperta con il partner riguardo ai cambiamenti fisici e ai desideri può facilitare l'adattamento, riducendo l'ansia e migliorando l'esperienza sessuale.

Gestire il dolore e altre condizioni fisiche durante il sesso

Il dolore o il disagio fisico possono essere un ostacolo significativo alla vita sessuale, specialmente con l'età. Condizioni come l'artrite, problemi alla schiena, disturbi cardiovascolari o l'osteoporosi possono rendere difficile o doloroso il rapporto sessuale. Tuttavia, esistono strategie per gestire il dolore e altre condizioni fisiche, consentendo di mantenere una vita sessuale soddisfacente.

1. Gestione del dolore: Gli analgesici leggeri, come l'ibuprofene, possono essere assunti prima del rapporto sessuale per ridurre il dolore articolare o muscolare. Le terapie termiche, come l'applicazione di calore alle aree doloranti, possono rilassare i muscoli e ridurre la rigidità.

2. Esercizi di stretching: Praticare regolarmente lo stretching o esercizi di yoga può migliorare la flessibilità e ridurre il rischio di dolore durante il sesso. Concentrarsi su esercizi che aumentano la mobilità delle articolazioni può essere particolarmente utile.

3. Pianificazione del rapporto sessuale: Programmare il sesso quando il corpo è più rilassato o dopo aver preso antidolorifici può ridurre il disagio. Anche il rilassamento pre-sesso, come un bagno caldo, può essere d'aiuto.

4. Parlare con il medico: Discutere apertamente con un medico delle proprie condizioni fisiche e dei problemi sessuali può portare a soluzioni personalizzate. Ad esempio, in caso di disfunzione erettile legata a problemi cardiovascolari, il medico può suggerire farmaci o terapie specifiche.

In sintesi, fare sesso con le limitazioni del corpo richiede adattabilità, creatività e comunicazione aperta. Con le giuste tecniche e strategie, e con le istruzioni di uno medico specialista esperto in questi problemi è possibile continuare a vivere una vita sessuale appagante nonostante i cambiamenti fisici legati all'età.

Parte VI

Problemi comuni della salute sessuale e della sessualità

Il ruolo dell'affettività e dell'intimità nella sessualità matura

Con l'età, la sessualità può diventare meno focalizzata sulla prestazione e più sulla connessione emotiva e affettiva. L'affettività e l'intimità giocano un ruolo cruciale nella sessualità matura, dove la qualità dell'interazione emotiva diventa spesso più importante della quantità o dell'intensità delle esperienze sessuali.

• **Affetto e tenerezza**: Le espressioni di affetto, come gli abbracci, i baci e le carezze, creano un legame emotivo che rafforza la relazione. Questi gesti possono essere altrettanto appaganti quanto l'atto sessuale stesso, soprattutto quando la penetrazione non è possibile o desiderata.

• **Intimità emotiva**: La condivisione di pensieri, sentimenti e desideri personali con il partner crea un livello di intimità che arricchisce la vita sessuale. La fiducia e la sicurezza emotiva sono fondamentali per una sessualità appagante, specialmente nelle relazioni a lungo termine.

• **Tempo di qualità**: Dedicare del tempo esclusivo al partner, senza distrazioni esterne, favorisce la connessione e rafforza il legame. Questi momenti possono includere conversazioni profonde, passeggiate insieme o semplicemente godersi la reciproca compagnia in silenzio.

Inoltre, con il passare del tempo, la definizione di sessualità può espandersi per includere gesti più sottili e intimi. Mantenere un contatto visivo durante i momenti di intimità, esprimere gratitudine e apprezzamento, o semplicemente tenersi per mano possono tutti contribuire a una vita sessuale ricca e soddisfacente.

In sintesi, mentre l'orgasmo e la penetrazione sono importanti, la sessualità è molto più ampia e complessa. Esplorare altre forme di piacere, coltivare il piacere reciproco e valorizzare l'affettività e l'intimità sono elementi fondamentali per una sessualità appagante, soprattutto nelle fasi mature della vita. Questo approccio olistico alla sessualità non solo arricchisce l'esperienza sessuale, ma rafforza anche il legame emotivo e relazionale con il partner, portando a una maggiore soddisfazione complessiva.

Capitolo 20

Intimità e relazioni nella terza età

Comunicazione e intimità con il partner

La comunicazione aperta è il fondamento di una relazione intima e soddisfacente, specialmente nella terza età. Con l'avanzare degli anni, le esigenze, i desideri e le capacità fisiche cambiano, rendendo ancora più cruciale la capacità di dialogare con il partner. Una comunicazione efficace implica la capacità di esprimere i propri sentimenti, desideri e preoccupazioni in modo aperto e senza giudizio. Questo non solo migliora la comprensione reciproca, ma rafforza anche la connessione emotiva.

Nella terza età, la comunicazione può assumere forme più profonde e significative. Le coppie che parlano apertamente delle loro esperienze sessuali, delle loro emozioni e dei loro bisogni sono più propense a mantenere una vita sessuale attiva e appagante. È importante non solo parlare di ciò che funziona, ma anche esplorare insieme nuove possibilità, tecniche e fantasie che possano arricchire la relazione. La comunicazione non verbale, come il contatto visivo, il sorriso e il tocco affettuoso, gioca anch'essa un ruolo fondamentale nel mantenere viva l'intimità.

Il ruolo dell'affetto e della complicità

L'affetto e la complicità diventano elementi sempre più centrali nella sessualità e nelle relazioni durante la terza età. A differenza delle fasi più giovani della vita, dove la sessualità può essere più orientata alla performance fisica, la terza età offre l'opportunità di approfondire la connessione emotiva e affettiva. L'affetto si manifesta attraverso piccoli gesti quotidiani come abbracci, baci, tenersi per mano e semplici espressioni di amore e apprezzamento. Questi gesti rafforzano il legame e creano un ambiente emotivo sicuro, in cui entrambi i partner si sentono amati e rispettati.

La complicità è altrettanto importante. Essa si costruisce attraverso esperienze condivise, la risata, il sostegno reciproco nei momenti difficili e la capacità di adattarsi insieme ai cambiamenti della vita. La complicità consente ai partner di affrontare con serenità le sfide dell'invecchiamento, inclusi i cambiamenti nella vita sessuale. Quando esiste un forte senso di complicità, i partner sono più disposti a esplorare nuove modalità di intimità e a sostenersi a vicenda, anche quando emergono difficoltà fisiche o emotive.

Rafforzare la connessione emotiva e sessuale

La connessione emotiva è la base su cui si costruisce una sessualità soddisfacente nella terza età. Mentre il desiderio fisico può diminuire con l'età, il desiderio di connessione emotiva spesso cresce, diventando una componente essenziale dell'intimità. Rafforzare la connessione emotiva richiede impegno e attenzione reciproca. Passare del tempo di qualità insieme, parlare apertamente dei propri sentimenti e condividere esperienze nuove sono tutte modalità per approfondire questa connessione.

Sul piano sessuale, rafforzare la connessione significa essere presenti e consapevoli durante i momenti di intimità. Questo può significare rallentare il ritmo, concentrarsi sul piacere reciproco e godersi ogni aspetto dell'esperienza, piuttosto che focalizzarsi solo sull'atto sessuale o sull'orgasmo. La pratica del concentrarsi sul qui e ora, può essere particolarmente utile per ampliare l'esperienza sessuale, permettendo ai partner di esplorare il piacere in modi nuovi e profondi.

Inoltre, riscoprire il gioco e l'avventura nel rapporto sessuale può ravvivare la passione. Anche piccole novità, come provare nuove posizioni, esplorare il massaggio erotico o leggere insieme letteratura romantica o erotica, possono alimentare il desiderio e rinforzare il legame emotivo e sessuale.

Infine, la gratitudine e l'apprezzamento reciproco sono fondamentali per mantenere una relazione forte e intima. Esprimere regolarmente gratitudine per il partner e per i momenti condivisi può rafforzare il legame e promuovere un clima di amore e rispetto reciproco. In questo modo, anche se la sessualità cambia con l'età, essa può rimanere una fonte di piacere e connessione profonda, arricchendo la vita di entrambi i partner.

Capitolo 21

Altri Problemi Sessuali Comuni

Diminuzione del desiderio sessuale

La diminuzione del desiderio sessuale, conosciuta anche come ipo-attività del desiderio sessuale, è una delle problematiche più comuni tra gli uomini "senior". Questo fenomeno può derivare da una combinazione di fattori fisici, psicologici e relazionali. Tra i fattori fisici, il calo del testosterone, che naturalmente si verifica con l'avanzare dell'età, gioca un ruolo cruciale. Tuttavia, condizioni di salute croniche, come il diabete o le malattie cardiovascolari, così come alcuni farmaci (ad esempio, antidepressivi e beta-bloccanti), possono contribuire a una riduzione del desiderio sessuale.

Anche i fattori psicologici e relazionali sono determinanti. Lo stress, la depressione, l'ansia e problemi relazionali possono ridurre l'interesse per il sesso. È fondamentale affrontare la diminuzione del desiderio sessuale con un approccio olistico, che includa una valutazione medica per escludere cause fisiche, insieme a una valutazione psicologica per esplorare eventuali blocchi emotivi o relazionali. La comunicazione aperta con il partner e il coinvolgimento in attività che rafforzano la connessione emotiva possono anche aiutare a riaccendere il desiderio sessuale.

Problemi legati alla prostata e alla funzione sessuale

La prostata, una ghiandola delle dimensioni di una castagna situata sotto la vescica, gioca un ruolo fondamentale nella salute sessuale maschile. Con l'età, è comune che la prostata aumenti di volume, una condizione nota come iperplasia prostatica benigna (IPB). L'IPB può causare sintomi urinari fastidiosi, come la necessità di urinare frequentemente, flusso urinario debole e difficoltà a svuotare completamente la vescica. Questi sintomi, in aggiunta ai farmaci per l'ipertrofia prostatica, possono interferire con la funzione sessuale, causando ansia e riduzione del desiderio.

Inoltre, il trattamento per il cancro alla prostata, che può includere chirurgia, radioterapia e terapie ormonali, può avere effetti collaterali significativi sulla funzione sessuale, come la disfunzione erettile. È importante che gli uomini con problemi prostatici discutano apertamente con il proprio medico delle opzioni di trattamento e delle strategie per gestire gli effetti collaterali sessuali. Esistono anche terapie specifiche, come la fisioterapia del pavimento pelvico e i farmaci per migliorare la funzione erettile, che possono aiutare a mantenere una vita sessuale attiva nonostante i problemi prostatici.

Disturbi dell'immagine corporea e il loro impatto sulla sessualità

I disturbi dell'immagine corporea possono influenzare profondamente la sessualità, specialmente con l'avanzare dell'età. Molti uomini senior possono sentirsi insicuri riguardo ai cambiamenti fisici legati all'invecchiamento, come l'aumento di peso, la perdita di massa muscolare o la comparsa di rughe e parti del corpo fastidiosamente procidenti. Queste preoccupazioni possono ridurre l'autostima e portare a un evitamento dell'intimità sessuale.

È fondamentale lavorare sull'accettazione di sé e sulla valorizzazione del proprio corpo, indipendentemente dai cambiamenti fisici. La comunicazione aperta con il partner riguardo a queste preoccupazioni può alleviare l'ansia e migliorare la connessione emotiva. Inoltre, la consulenza psicologica può essere utile per affrontare i disturbi dell'immagine corporea, aiutando gli uomini a sviluppare un atteggiamento positivo verso il proprio corpo e a mantenere una vita sessuale soddisfacente.

Capitolo 22

Il Ruolo della Psicologia nella Salute Sessuale

L'impatto delle emozioni e del benessere mentale sulla sessualità

Le emozioni e il benessere mentale giocano un ruolo cruciale nella salute sessuale. L'ansia, la depressione e lo stress cronico possono compromettere il desiderio sessuale, la funzione erettile e la capacità di provare piacere durante il sesso. Questi fattori psicologici possono creare un ciclo negativo, in cui la preoccupazione per le prestazioni sessuali o le difficoltà relazionali peggiorano ulteriormente i problemi sessuali.

Per mantenere una buona salute sessuale, è essenziale prendersi cura del proprio benessere mentale. Questo dovrebbe includere un consulto psico-sessuologico, l'esercizio fisico regolare, il sonno adeguato e l'impegno in attività che portano gioia e riducono lo stress. La gestione delle emozioni attraverso tecniche di rilassamento, come la meditazione e la respirazione profonda, può migliorare la qualità della vita sessuale.

Come affrontare l'ansia da prestazione

L'ansia da prestazione è una delle cause psicologiche più comuni di disfunzione sessuale. Questa condizione si manifesta quando un uomo si preoccupa eccessivamente delle proprie prestazioni sessuali, temendo di non riuscire a soddisfare il partner o di non riuscire a mantenere un'erezione. L'ansia da prestazione può portare a un circolo vizioso, in cui la preoccupazione causa effettivamente i problemi che si temono.

Affrontare l'ansia da prestazione richiede un approccio multiplo. In primo luogo, è importante ridurre la pressione sulle prestazioni sessuali, spostando l'attenzione sul piacere e sulla connessione piuttosto che sul raggiungimento di un obiettivo specifico. La comunicazione aperta con il partner è cruciale per ridurre la paura del giudizio e creare un ambiente di sostegno.

Le tecniche di rilassamento, come la respirazione profonda e la visualizzazione positiva, possono aiutare a ridurre l'ansia in situazioni intime. Anche la terapia cognitivo-comportamentale (CBT) può essere utile per identificare e modificare i pensieri negativi e irrazionali che alimentano l'ansia da prestazione.

Il supporto psicologico e la terapia sessuale

Il supporto psicologico e la terapia sessuale possono svolgere un ruolo fondamentale nel trattamento dei problemi sessuali. La terapia sessuale, in particolare, è progettata per aiutare gli individui e le coppie a superare le difficoltà sessuali attraverso la consulenza e l'educazione. Un terapeuta sessuale qualificato può aiutare a esplorare le cause sottostanti dei problemi sessuali, siano esse fisiche, psicologiche o relazionali, e a sviluppare strategie per migliorare la funzione sessuale e la soddisfazione.

La terapia di coppia può essere particolarmente utile quando i problemi sessuali sono legati a tensioni relazionali. Lavorare insieme con un terapeuta può aiutare a migliorare la comunicazione, risolvere conflitti e rafforzare la connessione emotiva, portando a una vita sessuale più appagante.

In conclusione, la psicologia gioca un ruolo essenziale nella salute sessuale. Comprendere e affrontare le emozioni e i fattori psicologici che influenzano la sessualità è fondamentale per mantenere una vita sessuale sana e soddisfacente, a qualsiasi età.

Parte VII

Supporto Medico e Farmacologico

Capitolo 23

Quando Rivolgersi al Medico

Segnali che indicano la necessità di una consulenza medica

La salute sessuale è una componente fondamentale della salute e può essere considerato il barometro della salute e del benessere generale. Purtroppo però molti uomini esitano a rivolgersi al medico per problemi sessuali, spesso per imbarazzo o per la convinzione errata che le difficoltà siano parte naturale dell'invecchiamento. Tuttavia, è importante sapere quando cercare aiuto professionale. Segnali che indicano la necessità di una consulenza medica includono:

• **Disfunzione erettile persistente**: Se si verificano difficoltà a ottenere o mantenere un'erezione in modo costante, è consigliabile consultare un medico. La DE può essere un segnale precoce di condizioni come malattie cardiovascolari o diabete.

• **Mancata risposta ai farmaci per l'erezione**. Molti uomini ricorrono all'uso di farmaci per la disfunzione erettile o per essere sicuri di ottenere una erezione quando serve e come serve. Nonostante l'uso dui questi farmaci alcuni uomini sperimentano la frustrazione di un mancato funzionamento sul pene. Il fallimento delle prestazioni può essere dovuto ad una cattiva assunzione del farmaco che viene preso non a digiuno oppure troppo presto o troppo tardi rispetto alla attività sessuale. Ma in altri casi invece la cosiddetta "cilecca" nonostante i farmaci può essere il sintomo di una patologia cardiovascolare incipiente.

• **Dolore durante il rapporto sessuale**: Dolore persistente durante l'erezione o la penetrazione o l'eiaculazione può indicare problemi fisici, come la malattia di La Peyronie, prostatiti e richiede un esame medico.

• **Cambiamenti improvvisi nel desiderio sessuale**: Un calo improvviso della libido può essere un segnale di squilibri ormonali o disturbi psicologici come la depressione.

• **Problemi urinari**: Difficoltà a urinare, flusso debole o minzione frequente potrebbero indicare problemi alla prostata, che possono influenzare la funzione sessuale. Sia la disfunzione erettile che l'ipertrofia prostatica benigna hanno in comune numerose cause e spesso procedono di pari passi sia perché hanno in comune la stessa causa sia perché sono due fenomeni che si verificano nella stessa fascia di età .

Cosa aspettarsi da una visita medica per problemi sessuali

Una visita medica per problemi sessuali può sembrare intimidatoria, ma è un passo cruciale per ottenere un trattamento efficace. Durante la visita, il medico effettuerà un'anamnesi completa, chiedendo dettagli sulla salute generale, sulle abitudini di vita e sui sintomi sessuali specifici e sullo scenario nel quale si svolgono gli incontri sessuali. È probabile che vengano poste domande su eventuali farmaci assunti, stress emotivo, relazioni e altre condizioni mediche. Inoltre, è importante spiegare al medico quali sono gli obbiettivi che si vorrebbero raggiungere per capire se questi sono compatibili con la propria condizione. Infine, per chi è affetto da malattie croniche che coinvolgono anche la funzione sessuale è molto utile parlare in modo franco e diretto di quale tipo di sessualità residua è possibile praticare.

L'esame fisico può includere un controllo dei genitali, la valutazione della prostata tramite un esame rettale digitale e un'analisi del sistema cardiovascolare. In alcuni casi, il medico può richiedere esami del sangue per verificare i livelli ormonali, il colesterolo, la glicemia e altre funzioni corporee. Se necessario, potrebbero essere suggeriti ulteriori esami, come l'ecografia della prostata e del pene per valutare il flusso sanguigno al pene o anche una sorta di "elettrocardiogramma" del pene con lo studio delle erezioni durante il risposo notturno con uno strumento chiamato RIGISCAN.

Come comunicare con il proprio medico sulla salute sessuale

Comunicare apertamente con il medico è essenziale per ricevere il miglior trattamento possibile. Ecco alcuni consigli su come affrontare la conversazione:

• **Essere onesti e diretti**: Non nascondere o minimizzare i sintomi. Una descrizione accurata del problema aiuterà il medico a identificare la causa e a proporre il trattamento più appropriato.

• **Prepararsi alle domande**: Prima della visita, riflettere su come descrivere i sintomi, quando sono iniziati e come influenzano la qualità della vita.

• **Chiedere chiarimenti**: Se il medico utilizza termini tecnici o propone un trattamento, non esitare a chiedere spiegazioni dettagliate. Comprendere il proprio piano di trattamento è fondamentale.

• **Portare il partner**: Se ritenuto appropriato, portare il partner alla visita può facilitare la discussione, migliorare la comprensione reciproca e rafforzare il supporto e soprattutto trovare soluzioni che vadano bene ad entrambi i partner .

Capitolo 24

Trattamenti Farmacologici per la Salute Sessuale

Panoramica dei farmaci per la disfunzione erettile

I farmaci per la disfunzione erettile (DE) hanno rivoluzionato il trattamento di questa condizione, offrendo a molti uomini la possibilità di recuperare una vita sessuale attiva. I farmaci più comunemente prescritti appartengono alla classe degli inibitori della fosfodiesterasi di tipo 5 (PDE5), che include:

• **Sildenafil**: Il primo farmaco per la DE, noto per la sua efficacia entro 30-60 minuti dall'assunzione. Ha una durata di circa 4-5 ore.

• **Tadalafil**: Con una durata d'azione fino a 36 ore, offre maggiore flessibilità, permettendo un rapporto sessuale spontaneo.

• **Vardenafil**: Simile al sildenafil, ma con effetti collaterali lievemente inferiori per alcuni utenti.

• **Avanafil**: Un farmaco di nuova generazione che agisce più rapidamente e ha meno probabilità di interazione con cibo e alcol.

Efficacia e sicurezza dei trattamenti

Gli inibitori della PDE5 sono efficaci per la maggior parte degli uomini con DE, con un tasso di successo del 70-80%. Tuttavia, l'efficacia può variare in base alla causa della DE, come problemi neurologici o ormonali. La sicurezza di questi farmaci è generalmente elevata, ma non sono adatti a tutti. Gli uomini che assumono nitrati per problemi cardiaci o che hanno gravi condizioni cardiovascolari devono evitarli, poiché possono causare pericolosi cali di pressione sanguigna.

Uso corretto dei farmaci, possibili effetti collaterali e controindicazioni

Per ottenere i migliori risultati, è importante seguire attentamente le istruzioni del medico. Ad esempio, il sildenafil e il vardenafil sono più efficaci se presi a stomaco vuoto, mentre il tadalafil può essere assunto con o senza cibo. Gli effetti collaterali comuni includono mal di testa, rossore, disturbi visivi e congestione nasale. Meno comuni, ma più gravi, sono la perdita dell'udito o della vista e le erezioni prolungate (priapismo), che richiedono immediata assistenza medica.

Capitolo 25

Opzioni Chirurgiche e Dispositivi Medici

Quando considerare l'intervento chirurgico

L'intervento chirurgico per la disfunzione erettile è generalmente considerato solo dopo che altri trattamenti, come i farmaci e le iniezioni, si sono rivelati inefficaci. Le opzioni chirurgiche includono impianti di protesi del pene dispositivi inseriti nel pene per permettere l'erezione. Esistono due tipi principali: semirigidi (o malleabili) e gonfiabili. Gli impianti gonfiabili sono più complessi ma offrono un'erezione più naturale.

Le riparazioni vascolari, invece, mirano a correggere i problemi di flusso sanguigno al pene, ma sono raramente utilizzate e riservate a casi specifici.

Dispositivi protesici e il loro utilizzo

I dispositivi protesici per la DE, in particolare le protesi del pene, sono un'opzione efficace per gli uomini che non rispondono ad altri trattamenti. Gli impianti gonfiabili, che consistono in cilindri posti all'interno del pene, una pompa nello scroto e un serbatoio di fluido nell'addome, permettono un controllo completo dell'erezione. Questi impianti sono discreti e non visibili, offrendo un'esperienza sessuale soddisfacente.

I dispositivi semirigidi, meno complessi, consistono in bastoncini flessibili che mantengono il pene in uno stato semi-rigido. Sebbene meno naturali, sono un'opzione duratura e richiedono poca manutenzione e sono molto più economici.

Rischi e benefici delle soluzioni invasive

Le soluzioni invasive, come la chirurgia e i dispositivi medici, offrono benefici significativi, soprattutto per gli uomini con DE grave. Tuttavia, comportano anche rischi, tra cui infezioni, dolore cronico, problemi meccanici (per gli impianti gonfiabili) e la possibilità di insoddisfazione con i risultati. Prima di considerare queste opzioni, è essenziale una discussione approfondita con il medico per valutare i rischi e i benefici in base alle circostanze personali. Il rischio più grande però è quello di farsi convincere a farsi operare spendendo molti soldi senza avere capito prima che l'obbiettivo in una relazione consolidata fra senior non è la penetrazione ma l'intimità. Consiglio sempre a chi si deve sottoporre ad un impianto di protesi del pene di avere una seconda opinione di un chirurgo possa dare un secondo parere sulla reale necessità di ricorrere ad un intervento chirurgico.

Parte VIII

Vita Sessuale Sana e Appagante a Lungo Termine

Capitolo 26

La Comunicazione con il Partner

I capitoli che seguono non trovano una conferma in studi scientifici cosiddetti condotti con regole rigorose ma traggono ispirazione dal buon senso e dalla esperienza dei colleghi psicologi e psico -sessuologi dai quali in tutti questi anni ho imparato moltissimo. Qui di seguito alcuni spunti che possono essere approfonditi nel setting psicologico o psico sessuologico

L'importanza della comunicazione aperta nella coppia

La comunicazione aperta è la chiave per una relazione sana e soddisfacente, e questo è particolarmente vero quando si tratta di sessualità. Con il passare degli anni, i cambiamenti fisici ed emotivi possono influenzare la vita sessuale, rendendo ancora più importante parlare apertamente con il partner. Una comunicazione efficace consente di esprimere desideri, bisogni, preoccupazioni e aspettative, riducendo i malintesi e rafforzando il legame di coppia.

Una relazione basata su una comunicazione sincera permette di affrontare insieme le sfide, trovando soluzioni che soddisfino entrambi i partner. La trasparenza nelle conversazioni crea un ambiente di fiducia, essenziale per esplorare nuove forme di intimità e per adattarsi ai cambiamenti inevitabili legati all'invecchiamento.

Come parlare di salute sessuale con il partner

Discutere di salute sessuale con il partner può sembrare difficile, soprattutto se emergono problemi come la disfunzione erettile, la diminuzione del desiderio o altri cambiamenti legati all'età. Tuttavia, affrontare questi argomenti in modo rispettoso e non giudicante è fondamentale per mantenere una vita sessuale soddisfacente.

• **Scegliere il momento giusto**: Evitare di discutere di questioni sessuali durante o subito dopo un rapporto sessuale. È meglio scegliere un momento tranquillo, senza distrazioni, dove entrambi si sentono rilassati e aperti al dialogo. Un aspetto a questo proposito è se si vuole informare il proprio partner che il medico vi ha prescritto un farmaco per l'erezione. Nella mia pratica sconsiglio di dirglielo quando già siete su letto nudi o subito dopo l'orgasmo perché non date la possibilità alla vostra partner di decidere se accettare o meno questa vostra decisione e di metabolizzarla. Io consiglio di farlo ogni volta che è possibile perché in caso di problemi avete vicino a voi una persona che può informare i soccorritori che avete preso dei farmaci per l'erezione. Se dunque dopo avere valutato i pro ed i contro e decidete di comunicare questa vostra decisione di assumere i farmaci per la disfunzione erettile consiglio di farlo in un momento lontano dall'atto sessuale come, per esempio, a pranzo o per telefono quando le riferite di avere fatto una visita andrologica e il medico vi ha consigliato di prendere il Viagra o farmaci simili. Non dimenticatevi di chiederle che cosa ne pensa prima di chiudere la comunicazione.

• **Essere empatici**: Riconoscere che i cambiamenti sessuali possono essere emotivamente difficili da affrontare. Mostrare empatia e comprensione può aiutare a mantenere un'atmosfera di supporto reciproco.

• **Usare un linguaggio positivo**: Invece di concentrarsi sui problemi, parlare delle cose che funzionano bene e su come migliorare ulteriormente l'intimità. Questo approccio incoraggia la collaborazione e il dialogo costruttivo.

• **Coltivare piccoli gesti quotidiani**: Gli abbracci, i baci, il tenersi per mano e i complimenti contribuiscono a mantenere vivo l'affetto e a rafforzare il legame emotivo.

• **Esplorare nuove esperienze insieme**: Provare nuove attività, che siano sessuali o non sessuali, può rinnovare l'entusiasmo e creare nuove connessioni. Può trattarsi di un viaggio, un hobby condiviso o anche la sperimentazione di nuove fantasie.

• **Dedicare tempo alla relazione**: Pianificare momenti dedicati alla coppia, lontani dalle distrazioni, è essenziale. Questo può includere serate speciali o semplicemente tempo dedicato a conversazioni profonde.

Il ruolo dell'amore e dell'affetto nella vita sessuale

Parlare dell'amore non rientra nello scopo di questo libro ma come non evidenziare su un tema come il sesso che l'amore e l'affetto sono i pilastri su cui si basa una relazione sessuale sana e soddisfacente, soprattutto nella terza età. Mentre il desiderio sessuale può fluttuare nel corso della vita, l'amore e l'affetto forniscono una base solida che alimenta la connessione emotiva e l'intimità. Gli atti di amore e affetto, come i baci, le carezze e il sostegno emotivo, contribuiscono a una sessualità che va oltre la fisicità, abbracciando una dimensione più profonda di connessione umana.

Il contatto fisico affettuoso aumenta la produzione di ossitocina, l'ormone dell'amore, che rafforza il legame tra i partner e promuove il benessere emotivo. Anche se il sesso può diventare meno frequente, il senso di intimità può rimanere forte, alimentato da gesti affettuosi e dalla presenza amorevole l'uno per l'altro.

Capitolo 27

Adattarsi ai Cambiamenti nel Corso della Vita

Accettare e gestire i cambiamenti sessuali legati all'età

L'invecchiamento porta inevitabilmente a cambiamenti nella funzione sessuale. Accettare questi cambiamenti è il primo passo per mantenere una vita sessuale soddisfacente. La riduzione della libido, i cambiamenti nell'erezione, la secchezza vaginale e altre modifiche fisiche sono naturali, ma non devono essere viste come ostacoli insormontabili.

Accettare il fatto che la sessualità cambia con l'età permette di concentrarsi su come adattarsi in modo positivo. Questo può significare esplorare nuove modalità di intimità, come la stimolazione manuale o orale, l'uso di lubrificanti, o semplicemente dedicare più tempo ai preliminari. La chiave è abbracciare questi cambiamenti come parte di un processo naturale, piuttosto che come una perdita.

Un atteggiamento positivo è fondamentale per mantenere una vita sessuale sana e soddisfacente a lungo termine. Abbracciare i cambiamenti con ottimismo, invece di resistere, può trasformare l'esperienza sessuale in un viaggio continuo di scoperta e connessione. Mantenere il senso dell'umorismo, celebrare i successi, piccoli o grandi, e riconoscere il valore dell'intimità a qualsiasi età sono tutti aspetti di un atteggiamento che promuove il benessere sessuale.

Conclusioni

Vivere una vita sessuale sana e appagante in una fase avanzata della vita è possibile nonostante ci siano ancora i molti pregiudizi di una società che a torto giudica senza conoscere i dati scientifici basandosi su informazioni sbagliate e datate.

Nonostante questi pesanti condizionamenti della società c'è ancora molta speranza per tutti perché i progressi della scienza medica sono stati formidabili tanto che ottenere una rigidità del pene è quasi sempre possibile.

Se, però, non si capisce che in una relazione in una coppia di senior l'obiettivo non è la penetrazione o la performance ma l'orgasmo, ottenuto nei modi più diversi, che porta successivamente all'intimità e alla tenerezza si perde una grande opportunità.

Infatti il sesso non è solo piacere ma Comunicazione!

Forse, in questo senso, è la forma più alta di comunicazione che l'uomo e la donna hanno a disposizione perché tra l'altro si è nudi uno di fronte all'altro con i propri limiti e le proprie fragilità.

Rinunciare a questa comunicazione, quando in molti casi è ancora possibile nonostante l'età avanzata, rende la qualità della vita più bassa.

Non va dimenticato infatti che Comunicare è uno strumento efficace per allontanare la sensazione del "limite" che si avvicina.

La chiave del successo richiede adattamento e un impegno costante verso il partner e verso se stessi.

L'aiuto degli Specialisti e la ricerca non di che cosa si è rotto ma di cosa ancora funziona e cosa è recuperabile rende possibile una sessualità ricca e significativa anche in questa stagione della vita.

Glossario

Andrologia: Branca della medicina che si occupa della salute maschile, in particolare dei problemi legati all'apparato riproduttivo maschile e alle questioni urologiche. L'andrologo è lo specialista che tratta le disfunzioni sessuali e riproduttive maschili.

Andropausa L'andropausa è una fase della vita maschile caratterizzata da un calo graduale dei livelli di testosterone, che può avvenire intorno ai 50 anni o più tardi. Alle volte viene chiamato con il termine **«Late-Onset Hypogonadism» (LOH)** Questo fenomeno, simile alla menopausa femminile, può causare sintomi come affaticamento, riduzione della libido, cambiamenti dell'umore, e perdita di massa muscolare e densità ossea. Tuttavia, a differenza della menopausa, i sintomi dell'andropausa sono meno definiti, non tutte le persone ne sono colpite e soprattutto non è una perdita totale tipo on /off come nella menopausa ma graduale.

Ansia da prestazione: Una forma di ansia che si manifesta quando una persona è preoccupata per la propria capacità di soddisfare il partner sessuale o teme di non riuscire a ottenere o mantenere un'erezione. Può interferire con la funzione sessuale e ridurre il desiderio.

Appendere le palle al chiodo: L'espressione "appendere le palle al chiodo" è un modo di dire colloquiale in italiano che significa ritirarsi da un'attività, in particolare riferita a uno sport o a un lavoro che richiede un notevole impegno fisico o mentale. Questo modo di dire è spesso usato per indicare che qualcuno ha deciso di smettere di praticare un'attività che richiedeva coraggio, fatica, o determinazione. L'espressione deriva probabilmente da un mix di altre frasi più note, come "appendere le scarpe al chiodo", che è tipicamente utilizzata in ambito calcistico o sportivo in generale per indicare il ritiro di un atleta.

Aterosclerosi: Indurimento e restringimento delle arterie causato dall'accumulo di colesterolo. Questa condizione può limitare il flusso sanguigno al pene e contribuire alla disfunzione erettile.

BIAS: è un errore sistematico all'interno di una ricerca che porta a risultati e conclusioni non oggettive In questo contesto, il BIAS si manifesta quando il disegno dello studio, la raccolta dei dati o l'interpretazione dei risultati sono influenzati da fattori che distorcono la verità o l'accuratezza delle conclusioni.

Ciclo di risposta sessuale maschile: Le fasi attraverso le quali passa un uomo durante l'eccitazione sessuale: eccitazione, plateau, orgasmo ed eventuale risoluzione. Ogni fase coinvolge cambiamenti fisici ed emotivi.

Cilecca espressione del dialetto romanesco che indica l'insuccesso sessuale.

Disfunzione erettile (DE): Incapacità persistente di ottenere o mantenere un'erezione sufficiente per il rapporto sessuale. Può essere causata da fattori fisici, psicologici o una combinazione di entrambi.

Disturbi dell'immagine corporea: Preoccupazioni o insoddisfazioni riguardo al proprio aspetto fisico che possono influenzare negativamente la sessualità e la fiducia in se stessi.

Eiaculazione precoce: Condizione in cui un uomo eiacula troppo rapidamente durante il rapporto sessuale, causando frustrazione o insoddisfazione. Può essere influenzata da fattori fisici e psicologici.

Eiaculazione ritardata: Condizione in cui un uomo ha difficoltà a eiaculare, nonostante una stimolazione adeguata. Può essere causata da fattori fisici, psicologici o farmaci.

Induratio penis plastica (Malattia di La Peyronie): Condizione in cui si sviluppa tessuto cicatriziale all'interno del pene, causando una curvatura anomala durante l'erezione, che può rendere doloroso o difficile il rapporto sessuale.

Iperplasia prostatica benigna (IPB): Ingrandimento non canceroso della prostata che può causare sintomi urinari e influenzare la funzione sessuale.

Ipogonadismo maschile: L'ipogonadismo maschile è una condizione in cui il corpo di un uomo produce quantità insufficienti di testosterone, l'ormone sessuale maschile, o quando i testicoli non funzionano correttamente per altre ragioni. L'ipogonadismo può manifestarsi con sintomi come riduzione della libido, disfunzione erettile, perdita di massa muscolare, affaticamento, osteoporosi e infertilità difficoltà di concentrazioni. Ci sono tantissime cause che possono portare all'ipogonadismo e ad un basso testosterone. Ma questo è un campo di competenza del medico specialista che a seconda dei casi può dare una terapia sostitutiva o una terapia mirata a rimuovere le cause dell'ipogonadismo secondario.

Lubrificanti: Prodotti utilizzati per ridurre l'attrito durante il rapporto sessuale. Particolarmente utili in presenza di secchezza vaginale, una condizione comune nelle donne in postmenopausa.

Mindfulness: Tecnica di consapevolezza che prevede di concentrarsi sul momento presente in modo non giudicante. Proponendosi di ridurre l'ansia da prestazione e migliorare l'intimità all'interno della coppia..

Orgasmo: Culmine del piacere sessuale caratterizzato da contrazioni muscolari involontarie e una sensazione di intenso piacere. Non è necessariamente legato alla penetrazione e può essere raggiunto attraverso varie forme di stimolazione.

Protesi peniena: Dispositivo medico inserito chirurgicamente nel pene per trattare la disfunzione erettile quando altri trattamenti non sono efficaci. Può essere semirigido o gonfiabile.

Salute Sessuale: Uno stato di benessere fisico, emotivo, mentale e sociale in relazione alla sessualità; non è semplicemente l'assenza di malattia, disfunzione o infermità. La salute sessuale comprende il rispetto, la sicurezza e la protezione nei confronti della sessualità.

Sesso utilitaristico: sesso dove l'obbiettivo è raggiungere l'orgasmo indipendentemente da chi partecipa. L'importante come diceva Mina, celeberrima cantane italiana in attività dagli anni 60 agi anni 2000 in sua canzone: è finire… O forse no?

Terapia cognitivo-comportamentale (CBT): Approccio terapeutico che mira a modificare i pensieri negativi e i comportamenti disfunzionali. È spesso utilizzata per trattare l'ansia da prestazione e altri problemi sessuali.

Testosterone: Ormone maschile prodotto principalmente nei testicoli. Regola il desiderio sessuale, la produzione di spermatozoi, la massa muscolare e altri aspetti della salute maschile.

TRT= Testosterone Replacement Therapy: terapia con testosterone di sostituzione Trattamento medico utilizzato per integrare o sostituire gli ormoni sessuali, come il testosterone, quando i livelli sono insufficienti.

Terapia sessuale: Forma di consulenza specializzata volta a risolvere problemi sessuali e migliorare la vita sessuale attraverso tecniche psicologiche e comportamentali.

Vasocostrizione: Riduzione del diametro dei vasi sanguigni, che può limitare il flusso di sangue al pene e contribuire alla disfunzione erettile.

finito di stampare
a settembre 2024

Made in the USA
Columbia, SC
14 October 2024

44253316R00065